国母の気品

貞明皇后の生涯

工藤美代子

清流出版

御成婚当時の大正天皇と貞明皇后
（明治33年撮影）

右から、大正天皇、昭和天皇、秩父宮殿下、侍従（明治37年撮影）

日光田母沢の東宮御用邸で、左より昭和天皇、三笠宮殿下、高松宮殿下、秩父宮殿下
（大正10年撮影）

関東大震災後、入院中の罹災患者らを見舞う節子皇后（大正12年撮影）

昭和22年4月６日、宮城内旧本丸の元主馬寮広場で開かれた宮内職員懇親運動会。
馬車上が昭和天皇。節子皇太后をお迎えする良子皇后

今上陛下が学習院高等科第1学年在学時、弟の常陸宮殿下と節子皇太后（昭和25年撮影）

昭和25年6月の東北巡幸の際に、引揚者を激励される節子皇太后。山形県東置賜郡宮内町で

口絵写真の2頁下と3〜4頁の写真は毎日新聞社提供
第一章扉の写真は、幼少時代の九条節子姫（毎日新聞社提供）、第二章扉は、正装の節子妃（毎日新聞社提供）、第三章扉は、昭和6年撮影の節子皇太后

国母の気品

貞明皇后の生涯

◎目次

第三章　国民のおばばさま……161

装幀◎勝木雄二

第一章◎利発な姫君

幻の伝記

ラフカディオ・ハーンという風変わりなイギリス籍の作家が、アメリカ大陸から日本へ来たのは、明治二十三年四月のことだった。

四十歳を目前に控えたハーンは、アメリカの文壇で新進の作家として少しは名前を知られる存在だったが、特に大富豪でも著名な冒険家というわけでもなかった。

それなのに、彼が東洋の島国に流れ着いたのは、ひとえにその放浪癖のためだった。隻眼《せきがん》の小男で、いたって無器用な生き方しかできなかった彼は、トラブルに見舞われるたびに自分の居住空間を移動させていた。

十九歳のときロンドンからアメリカに渡り、それ以後、シンシナティ、ニューオーリンズ、ニューヨーク、そしてカリブ海のマルチニーク島などに移り住みながらジャーナリストとして、あるいは作家としての研鑽を積んだ。

その彼の文学的な才能が一挙に開花したのは、間違いなく日本においてだった。

無数の神々によって守られている古くて小さな島国には、昔ながらの礼節や文化を重んじる奥ゆかしい日本人がいた。ハーンは彼らを愛し、自分もその仲間入りをしようとした。

実際、これはかなりの場面で、成功していた。日本人女性である小泉セツと結婚し、小泉八雲という日本名を名乗るようになった。

流暢とはいえないまでも、日本語を理解し、日本式の邸宅に住んだ。英文学の教師として教壇に立つ傍ら、彼は英語圏の読者に向けて、日本の文化、習慣、思想などを紹介する本を次々と出版した。これらの本は、アメリカやイギリスで高い評価を受けた。

ハーンが日本に定着して、ちょうど十年後の明治三十三年に、彼はある一人の日本女性に関して、強い興味を抱いた。

その頃、すでに帰化して、小泉八雲と呼ばれていたハーンは、帝国大学文科大学の教師を勤めていた。

日本の精神世界に関心があり、この前年には『霊の日本』をリトル・ブラウン社より出版したばかりだった。

家庭的には、愛妻セツとの間に、三人の男の子が生まれていた。セツの養父母や使用人たちも含めると十人以上の大家族で、牛込区富久町二十一番地に居を定めていた。

そのハーンが、この年の五月十日、家族の者たちにこう告げた。

「さあ、皆であの元気なお姫様をお祝いしに行きましょう」

「元気なお姫様」とは、この日皇太子（のちの大正天皇）と結婚する九条《くじょう》節子《さだこ》姫のことだった。

それまで天皇や皇太子の結婚は宮中の内部で執り行われていた。ところが、このときから国民参加型となり、国中で奉祝行事が開催され、結婚式の当日は、皇太子と節子姫の乗った四頭立ての馬車が宮城《きゅうじょう》から東宮御所までパレードをしたのである。

国民は歓喜の声をあげて、若いロイヤル・カップルを祝福するため、沿道を埋め尽した。その群衆の一人として、ハーンもパレードを見に出掛けた。

しかし、なにもハーンは単なる好奇心や物見遊山のつもりで家を出たわけではなかった。実は、節子姫を自分の作品の素材にしたいという考えがあったのだ。

当時、ハーンの創作活動を助けるために、何人かのアシスタントがいた。

夫人のセツは最も優秀でかつ大切な助手だった。日本の古いお伽噺や怪談を夫に語ってきかせた。そこからハーンの再話文学が生まれ数々の名作が残されたのは周知の事実である。

ただし、セツは英語を解さなかった。そのため文献的な資料を渉猟《しょうりょう》してその内容を夫に伝えるという能力に関しては限界があった。

この頃、ハーンの家に出入りしていたのが大谷正信《おおたにまさのぶ》という、かつての教え子だった。

大谷は島根の松江中学で三年生から四年生の初めにかけて、ハーンの受け持つクラスに在籍した。きわめて優秀な生徒で、ハーンは自著の中で自分のお気に入りの生徒の一人として彼の名前を挙げているほどだ。

松江中学を卒業した後、大谷は明治二十九年に帝国大学文科大学英文科に入学し、ふたたび三年間にわたってハーンの教えを受けることになった。

大谷の語学力を深く信頼していたハーンは、彼に日本研究のための助手になることを依頼した。毎月、何らかのテーマを大谷に与え、そのリサーチをしてもらう。もちろん報酬を支払うので、それが大谷の学資となった。

その大谷にハーンがある依頼の手紙を出したのは、明治三十三年の五月だった。皇太子 明宮嘉仁《はるのみやよしひと》親王の成婚にあたり、妃殿下の幼年期からのことと、宮廷での結婚式についての調査をして欲しいという内容だった。

つまり、ハーンは節子妃の少女時代について、何らかの情報を得て、さらにその調査を進めたいと考えたようだ。

また、宮廷での結婚式も、あるいはイギリスの王室との違いなどを視野に入れていたのかもしれない。

いずれにしても、ハーンのこの着眼点の鋭さは、現代になって考えると、感嘆に価する。なぜなら節子妃は普通の皇族や華族の女性とはいささか異なる育ち方をしていたからである。

彼女は明治十七年六月二十七日、九条道孝《みちたか》の四女として生まれた。九条家は、近衛《このえ》、鷹司《たかつかさ》、一条、二条と並ぶ五摂家《ごせつけ》の一つで、華族の中でも名門中の名門だった。

しかし、生後七日目に東京近郊の高円寺にある豪農、大河原家に預けられ、五歳までの月日を、そこの家の子供たちと一緒に育てられた。

そのため、実は節子妃の母親は、貧しい農家の娘だといった噂がまことしやかに流れたりした。

たしかに節子妃は道孝の正妻の娘ではなかったが、母親は二条家の家臣の孫娘で、九条家の侍女だった野間幾子《のまいくこ》である。幾子はのちに中川局と呼ばれるようになるが、高円寺の農家とは何の関係もなかった。

ハーンがそうした事実関係をどこまで把握していたかは不明だが、まだ十五歳の若い皇太子妃に並々ならぬ関心を持ち、作品を仕上げようと心づもりをしていたようだ。

ハーンの長男である小泉一雄が、父の亡きあと、昭和六年に『父「八雲」を憶う』という回想記を出版した。その中に次のような文章がある。

「時の東宮妃殿下——現在の皇太后陛下——がまだ九条家の姫君にていませし頃、御体育のため多摩川近郊の一農家にて幾歳かを御過しあらせられた由を漏れ承った父は、いと興深く御優しきことに思い奉り、一日母と私を連れ——父は徒歩、母と私は同俥にて——その農家を訪れ、かつて殿下の御暮し遊ばされた御居間を拝見して、その如何にも鄙びて御質素なるに、父は『何ぼう面白い』と甚く感動いたした様子でありました」

もしもこののち、ハーンが節子妃の伝記を書いていたなら、日本の皇室を海外に紹介する意味でも、また節子妃という個性豊かな一人の女性の足跡を残す作業としても、大変意義深いものとなったに違いない。しかし、残念ながらハーンは資料だけ集めて、それを作品化しないまま明治三十七年に五十四歳でこの世を去った。それは幻の伝記となってしまった。

一雄の回想によるとアシスタントの大谷がハーンの興味の対象について、他の人々に軽々しく吹聴するため、「揶揄半分や皮肉交じりの冷酷な一語を浴せられ」て、ハーンが不快に感じたことがあったという。そんな経験がハーンを臆病にさせてしまったとも考えられる。

それでは、ハーンをして「何ぼう面白い」といわしめた節子妃の幼少期とはどのようなものだったのだろう。まずはそこから物語りを始めてみたい。

九条家の謎

九条節子姫の家庭的な背景に関しては、いくつかの謎がある。

まず、父、九条道孝についてである。道孝は天保十（一八三九）年に九条尚忠《ひさただ》の長男として京都に生まれた。

明治の新政府樹立の際は、公卿《くぎょう》でありながら官軍を率いてめざましい武勲をたてている。特に慶応四（一八六八）年の奥羽鎮撫《おううちんぶ》総監督としての勇ましい戦いぶりは、のちのちまでの語り草となった。その功により明治二年には永世禄八百石を授けられた。

文武両道に優れた道孝の妹が、孝明《こうめい》天皇の后だった英照《えいしょう》皇太后だったとする書物は多い。昭和四十八年に主婦の友社から刊行された『貞明《ていめい》皇后』にも、はっきりとそう記されている。

同書は、貞明皇后の伝記の決定版とも呼べるものなので、その内容の信憑性は高い。

しかし、英照皇太后は、天保四（一八三三）年あるいは、その翌年の生まれだという説が有力である。だとすると、天保十年生まれの道孝は弟にあたり、兄ではない。

また英照皇太后を道孝の叔母だとする書物もあるが、その理由は不明だ。

いずれにせよ英照皇太后が九条家の出身であったのは事実なので、九条家は孝明天皇と大正天皇とに二度も后を立てた名門ということになる。

さて、節子姫の出生に関しても、いくつかの複雑な事情がある。

節子姫が生まれた明治十七年は、ちょうど華族令という勅令が公布された年である。これによって、九条道孝は公爵の位を授かった。そして宮中で掌典《しょうてん》長の職に就いた。

掌典長とはさまざまな祭祀を掌《つかさど》る仕事の責任者だった。これより前の明治十四年には勲一等に叙せられ、明治二十三年には貴族院議員となっているので道孝の出世は順調だったと思われる。

前出の『貞明皇后』によると、道孝は対馬藩主宗《そう》伯爵家より妻を迎えたが、結婚生活二年後に夫人は他界したとある。

それ以後、再婚したという記述がないのだが、小田部《おたべ》雄次《ゆうじ》著『四代の天皇と女性たち』によると、節子姫が生まれたときの道孝夫人は伏見宮邦家《ふしみのみやくにいえ》親王の十女、日永だったという。

節子姫が正妻の娘ではなかったことは、現在では周知の事実である。

節子姫の母は二条家の家臣の孫娘で、九条家の侍女の野間幾子という女性だった。

嘉永二（一八四九）年に生まれ、十六歳のとき、道孝の側室となった。明治二年に二十一歳で道実《みちざね》を、同十一年には範子《のりこ》（のちの山階宮菊磨《やましなのみやきくまろ》王妃）を、同十五年に籌子《かずこ》（のちの西本願寺法主大谷光瑞《こうずい》裏方）を出産し、三十六歳のときに節子姫を産んだ。

父の道孝も四十六歳になっていたので、二人にとって節子姫は晩年にできた子供だった。節子姫の異腹の兄妹としては、良政、良致、良叙、篷子《とまこ》、紝子《きぬこ》などがいる。

これだけ子供の数が多いと、野間幾子の子供は別としても、他の子供たちの生母が誰だったのか、どうもはっきりしないところがある。

そもそも節子姫はどこで生まれたのだろうか。ほとんどの伝記には、姫は神田の錦《にしき》町一丁目にある九条家の邸で生まれたと書かれている。

そして生後わずか七日で、当時の東京府東多摩郡高円寺村の豪農の家に預けられた。そのことについてはのちに詳しく触れたいと思う。

とにかく五年間、他家で養育された姫は、赤坂の福吉町に移転していた九条家に連れ戻されたという。

では、そのとき生母の野間幾子は九条家の邸にいたのであろうか。道孝に本妻がいたとした場合、同じ邸内に側室も暮らしていたのだろうか。

そのへんの事情については、どの伝記を見ても、あまり詳細には述べられていない。

ただし、萬朝報《よろずちょうほう》（明治二十五年創刊の日刊新聞）の明治三十一年七月十七日付の紙面には、興味深い記事が掲載されている。

明治三十一年といえば、節子姫が皇太子嘉仁親王妃に内定する一年前である。

「公爵九条道孝が赤坂福吉町二番地の自邸に置く妾は、神田区錦町一丁目九番地光彦《みつひこ》姉野間いく（五十）と京都上京区室町一丁上る小嶋町勝貞《かつさだ》姉田村やす（三十三）の二人也」

もしも節子姫の入内《じゅだい》が決まったあとならば、こんな畏れ多い記事はとても掲載できなかっただろう。

あえてスキャンダルを書き立てる傾向のあった萬朝報は、華族や実業家、政治家などの私生活を暴くのを目的として、愛人を持つ人々の実例をシリーズ化して連載した。

その中には、大正天皇の主治医を勤めたエルウィン・フォン・ベルツの記事まであった。

明治の時代に経済的な余裕や地位のある男性が、妻以外の女性を愛人とすることは特に社会的に糾弾される行為ではなかった。

萬朝報としては、いちおう一夫多妻の風潮を改めさせようという建前で、この記事の連載を始めたのだが、その裏には、新聞の部数を伸ばすためという魂胆があったのは事実だった。

そして、たまたま節子姫の父、九条道孝の名前も載ってしまったわけだが、ここで気になるのは、生母、野間幾子の実家の住所である。「神田区錦町一丁目九番」となっている。

一方、『貞明皇后』の年譜には、節子姫は明治十七年六月二十五日「東京都神田区錦町一丁目十二番地の九条道孝邸で出生」と書かれているのである。

かつての道孝の邸は、野間幾子の弟の住所と三番しか違わない。これはいったい何を意味しているのだろう。

想像できるのは、道孝が赤坂の福吉町に引っ越したときに、前の家を野間幾子の一族の名義にしてやったのではないかということだ。

側室といっても野間幾子は道孝との間に四人も子供をもうけており、妻同然の存在だったと思える。

萬朝報が、わざわざ「自邸に置く」と書いているくらいなので、野間幾子自身は赤坂福吉町に住んでいたのだろう。そこには本妻以外にも、幾子より若い三十三歳の側室、田村やすもいたようだ。

こうした家庭環境が節子姫にどのような影響を与えたのか。

もしも節子姫が年齢の割には非常に落ち着いた少女であったという多くの伝記の記述が真実だとしたら、それは複雑な人間関係や長い歴史を背負った家庭に生まれたという事実と無関係ではないかもしれない。

節子姫が生まれたとき道孝は、わが子の養育を高円寺の豪農大河原金蔵に託した。

これも現在になって考えると、ずいぶんと突飛な行為に思えるが、当時は高貴な家柄の子供を一般の家庭に預けて、厳しく育ててもらうという教育方法が取られるケースは多かった。

その典型的な例としては、昭和天皇が挙げられる。昭和天皇は生後二か月余りで川村純義《かわむらすみよし》伯爵の邸に移られ、養育された。謹厳実直でしかも温厚な川村伯爵のような人物が幼少期の教育にあたったからこそ、天皇が一点の私心もない玉のような性格になられたのだと主張する人々は今もいる。

節子姫の場合も、晩年になってできた子供だけに道孝も丈夫に育って欲しいと切望したのではないだろうか。

大河原家は宅地だけでも六千坪はあるという豪農で、金蔵の妻ていは、生後間もなくの男の子を亡くしたばかりだった。お乳もたっぷり出るので、節子姫の里親にはちょうど良かった。

「健康なお乳をたっぷり吸わせ、世間の風にもあてて、強く逞しく育てたい」というのが、道孝の希望だった。

幼児体験

生後七日目で節子姫が引き取られていった大河原家とは、どのような家だったのだろう。

今と違って明治十七年頃の高円寺は染料の藍を栽培する農家が多く、いたってのどかな環境だった。当主の金蔵も妻のていも実直な人柄で知られていた。

ていの年齢は三十八歳だった。若い母親よりも、すでに子育ての経験のある中年の女性のほうが、九条家としては安心して子供を預けられたのではないだろうか。ただし預ける前にていの健康診断をしたという。心身ともに健全な夫婦でなければ、大事な姫の養育は任せられなかった。

わが子のように育てて欲しいというのが、九条道孝の要望だったので、大河原家では自分の子供と分け隔てなく、姫の面倒を見ることに決めた。

人間の性格が形成されるのは、生まれたときから三歳までの間だと主張する心理学者がいるが、たしかに、このときの幼児体験は節子姫のその後の生涯に大きな影響を与えた。

いくらわが子と同じように接して欲しいと言われても、節子姫の出自は天皇家につながる高貴な家柄である。当時、子供一人を預かった場合の養育費は月に一円五十銭が相場だったが、九条家では破格の五円を送金していた。

これは明治十七年の巡査の初任給に近かった。それだけ高額の仕送りをしてもらっていたら、大河原夫妻が心をこめて姫の世話をするのも当然だった。

この頃のエピソードが幾つか『貞明皇后』（主婦の友社）には紹介されているのだが、その中でもとりわけ顕著に後の節子姫の性格の片鱗を示すものを紹介してみたい。

あるとき夕食の最中に大河原夫妻が猛烈な夫婦喧嘩を始めた。他愛のない諍《いさか》いだったが、金蔵の声が次第に大きくなった。それが節子姫の目には、やさしい「ばあ」が「じい」に苛められているように映った。

しばらく目を見張って金蔵とていの顔をこもごも見ていたが、突然お膳の上の赤い箸箱を小さな手に握って立ち上がった。そして金蔵の傍に歩み寄り、ものも言わずにいきなり金蔵の頭を箸箱でこつんと叩いた。二人は一瞬驚いて姫の顔を見て、それから苦笑した。

いたいけない幼女の行動とはいいながら、節子姫の気性の強さがよく伝わってくるエピソードである。また、普通の家庭なら、どんな理由があれ父親の頭を叩いたら、子供は叱られるものだ。しかし大河原夫妻は姫をたしなめようとはしなかった。このときに限らず、おそらく本気で姫を叱責する場面など一度もなかっただろう。

だからこそ節子姫は明治の時代の女児としては珍しいほど、のびやかに自由に幼少期を過ごせたのではないだろうか。

また、ていは大変信心深い女性だった。その上に働き者だった。早朝から起きて農業に精を出し、それから神棚や仏壇に燈明をささげて観音経を読み上げるのを日課としていた。

幼い節子姫もそのときには起き出して、一緒に手を合わせて仏壇を拝んだ。たまに忙しさにまぎれて、ていが燈明をあげるのを忘れていると、今朝はなぜ神様を拝まないのかと姫が尋ねたという。

のちに皇后となり皇太后となったとき、その徹底した信心深さで周囲の人々に強い印象を残したのが節子姫である。また戦後はキリスト教など異国の宗教にも関心を示した。それはやはり高円寺での幼児体験が影響していたように思われる。

ときには大河原夫妻が驚嘆するほどの記憶力や意志力を節子姫は見せた。昭和天皇の后だった香淳《こうじゅん》皇后が少女時代からおっとりとした性格だったのに比べ、節子姫はすこぶる利発で勝気な気性だったようだ。

だからこそ、これから先、彼女を待ち受けていた試練を悠然と、そして毅然として乗り越えられたのだといえる。

節子姫が高円寺で元気に成長していた頃、日本は急速な発展を遂げていた。彼女が生まれる一年前の明治十六年には実に十八万円の費用をかけて鹿鳴館《ろくめい》が建設された。これは新しい時代を迎えて諸外国との交流の場所が必要だと感じた日本政府が、イギリス人コンドルに設計を依頼して完成させた煉瓦建ての洋館だった。毎晩のように開催される舞踏会には外国人に混じって慣れない洋装の日本人の貴賓も招待された。しかもその招待状が夫婦連名なのも異例だった。ついこの間まで鉄漿《おはぐろ》をして日本髪を結っていた女性たちが、夜会服に束髪でダンスをする光景が見られるようになったのである。節子姫が生まれた明治十七年は、ちょうど鹿鳴館で舞踏のレッスンが毎週行われ、外国人教師が熱心にワルツやポルカなどを教えていた。

　余談になるが明治十七年の四月には、連合艦隊司令長官の山本五十六《いそろく》が新潟で誕生している。節子姫より二か月あまり早くこの世に生を享けた。日本が軍事大国へと成長していくのと同じ歩調で、二人は年を重ねることとなる。

　さて、節子姫が父君の邸に戻ったのは、五歳のときで、これは小学校に入学する年齢が近づいたためである。先に記したように、このとき九条邸は赤坂の福吉町にあった。

　当時の九条家の家族構成はよくわからない。異腹の兄弟姉妹が何人もいたのは事実だが、全員が同じ家に住んでいたのかどうかも不明だ。小川金男著『宮廷』には節子姫の生母に関する興味深い記述がある。

　まず、著者の小川の家は岡山の池田侯の家臣だったが、同じ家臣に野間という三兄弟がいた。この野間兄弟が参勤交代のとき主君のお供をして京都にしばらく滞在した。そのときに弟のほうが二条家に所望され、そこの家臣となった。その人の孫娘が野間幾子であり九条家に腰元として上がったところ当主の手がついた。

その後節子姫が生まれるわけだが、小川によると野間幾子はやがて九条家をさがって一戸を構えた。それと同時に姫は「里子のかたちである農家に預けられた」というのである。

もしこの記述が正しいとすると節子姫が九条家に帰ったとき、実母はもういなかったことになる。いくら明治時代といっても、本妻と側室が同居するのは、なかなか難しい事情もあったろうから、野間幾子は神田錦町の邸にいたと考えるほうが自然かもしれない。

また、九条道孝が早い時期から節子姫を皇太子の妃にしたいと考えていたと書く文献もある。そうした野心を密かに道孝がもっていた場合、やはり姫はある程度の年齢になったら手元において教育したいと思ったとしても不思議ではない。

九条家に戻ってからも節子姫はよく日曜日になると大河原家に里帰りしたというが、それは彼女が知っている唯一の家庭の温かみだった。また、その事実から実母とはあまり接触がなかった様子も窺える。

明治二十三年九月、節子姫は華族女学校の初等小学科に入学した。四十名ほどの級友の中でもとりわけ小柄だったが、とても元気な少女でもあった。

一年生のときに節子姫が休み時間、突然、調子外れの奇妙な歌を唄いだした。それは「オッ

ペケペ　オッペケペッポ　ペッポポッポー」という歌詞で、庶民の間で流行《はや》っていたオッペケペー節だった。

上流階級の令嬢である同級生たちはあっけにとられて姫を眺めた。「九条さまは変な歌をお唄いあそばす」と驚いたのだ。

もちろん、それは大河原家で覚えた歌だった。「権利幸福嫌いな人に自由湯をば飲ましたい」という、いわば反権力を謳歌する歌が華族の姫君の口から唄われたところがなんとも皮肉であるが、幼い節子姫は歌の深い意味など知る由もなかった。節子姫にとって心情的に最も身近なのは大河原家という農家の文化だった。

トレビアン！

九条家の節子姫より二歳年上の梨本宮《なしもとのみや》伊都子《いつこ》妃は、肥前佐賀藩主だった鍋島《なべしま》家の出身である。明治二十一年に数え年七歳で華族女学校に入学している。節子姫の入学より二年早い。

伊都子妃の著書『三代の天皇と私』は、彼女が自らの生涯を回想したものだが、その中に、少女時代の思い出が丹念に書き込まれており、節子姫が華族女学校に通った時代の雰囲気がよく伝わってくる。それによると、当時の華族女学校は現在の衆議院議長官舎のある場所にあった。

暖房もなく、生徒は手足の霜焼けに悩まされた。そのため、凍傷になる者もいて、「凍傷に付き靴使用できず、草履使用許可お願い致します」という届けを提出して、やっと学校側から許可をもらうといった有様だった。

こういう妙に質実なところがあった半面、ほとんどの生徒が侍女をお供に従えて、人力車で通学した。さらに学校で事故でもあると困るということで、侍女専用の「供待ち部屋」というのがあり、侍女たちが編み物や繕い物などをしながら、下校の時間まで待っていた。

「明治二十年代の東京、それは静かなものでした。庶民はいわゆる下町の芝・京橋・日本橋・

神田・浅草に集中し、宮城周囲の広大なる邸には、大名華族がまさに殿様然として陣取っておりました」と伊都子妃は書く。

伊都子妃は娘時代、永田町一丁目の自宅から徒歩で通学していた。それは、いかに上流階級の住宅区域にいたかという証明でもあった。九条家の節子姫もまた、赤坂福吉町の自宅からの徒歩通学だった。ちなみに九条家の隣は筑前福岡藩主、黒田侯爵の広大な上屋敷があり、その先には一条家の邸もあった。

生徒たちの服装は海老茶の袴に黒の編み上げ靴、着物は紫の銘仙《めいせん》で元禄袖、式典のあるときだけは無地の紬に紋付だったという。

背が低かった節子姫の教室での席は、いつも最前列だったが、十三歳で初等中学科に進学する頃に、急速に背が伸びた。それでも、どちらかというと小柄で色黒の姫君だった。

中学科のクラスはフランス語か英語を選択して学ぶことになっていた。節子姫はフランス語を選んだ。フランス語は英語よりも文法や発音が複雑で難しい。中学生にはかなり重荷となる授業だった。

ある日、いささか疲れた表情で、生徒たちがフランス語の授業を終えて、教室へ戻って来た。そのときである。節子姫が突然手を左右に大きく広げて、上体を少し前にかしげ、「トレビアン！」と叫んだ。あまりにも唐突だったので、級友たちはどっと笑った。

こうした、どこか人の意表を突くような行動に出るところが節子姫にはあった。それがお茶目だった、お転婆だったといわれる所以でもある。

校庭でも賊軍官軍遊びという勇ましい遊戯が流行っていたが、節子姫はいつも大将になって先陣をきって走り回っていた。

活発でクラスの人気者の節子姫だったが、そんな彼女が一目置いていたのが、伏見宮貞愛《さだなる》親王の、禎子《さちこ》第一王女だった。

それには理由があった。明治二十六年に、禎子女王は皇太子妃の第一候補に内定していたのである。「この姫は雪の精のように肌の色が白く、見るからに王女の気品を備えていた」と『貞明皇后』には書かれている。

伏見宮家は室町時代から続く名家で、貞愛王の妃は有栖川宮《ありすがわのみや》家の利子《としこ》女王だった。

節子姫の生家である九条家も華族の中では五摂家のひとつとして位は高かったが、皇族となると、さらに格が上になる。

階級制度がはっきりとしていた時代に、皇太子妃の第一候補と目されていた宮家の女王は、同級生といえども気軽には話せない存在だった。

伏見宮家の女王との婚約が内定していた皇太子（のちの大正天皇）は、明治十二年八月三十一日に明治天皇と側室の柳原愛子《やなぎはらなるこ》との間に生まれた。

明治天皇の妃である美子《はるこ》皇后には子供がいなかった。また、天皇と側室たちの間には、それまでに何人かの子供が生まれていたが、なぜか皆早世している。したがって、柳原愛子も子供を産むときに、ひどく神経質になっていたらしい。

かつて宮中で女官を勤めた山川三千子が著した『女官』という本は昭和三十五年に出版された。この中に、大正天皇の誕生にまつわる秘話が紹介されている。

まず、柳原愛子は十三歳で、英照皇太后の女官として御所に上がった。そのため、世間知らずで、あらゆることを使用人である老女のふきに一任していたとある。

そのふきが柳原愛子のお産のときの様子を愚痴とも自慢ともつかぬ調子で、山川三千子に次のように語った。

「お産所においでになってからもひどいヒステリーで、手のつけようがなく、侍女たちはもとより看護婦さえ皆お暇を取りましたので、幾日か私一人で寝る暇もなくお世話申し上げました。ご誕生もたいへんお重く、殿下は仮死状態でお生まれ遊ばしましたが、よくまあお二方様とも、ただ今のようにお元気におなり遊ばして」

この回想からは、大正天皇が生まれながらに病弱であり、その生母の精神状態が悪かったのがわかる。余談になるが、山川はあまり柳原愛子を評価していなかったようで、彼女のことを、「ちょっと中途はんぱな存在」とか「身体も小さく誠にじみな性格」と書き、「典型的なお局さん」と決めつけている。

いずれにしても、大正天皇の発育が遅かったのは周知の事実である。伏見宮家の禎子女王との婚約が内定したとき、皇太子はわずか十四歳である。現代の常識で考えるとあまりにも早い縁組だが、皇室ではもう明治二十六年頃から本格的なお妃選びが始められていた。

節子姫も幼少期に青山御所より呼び出しがあり、伯母にあたる英照皇太后に父君の九条道孝と一緒にご挨拶に伺った。孫である皇太子のお妃選びについて、英照皇太后がどの程度の発言権を持っていたかは不明だが、当然、自分の身内である姫を可愛く感じていたであろう。いかにも健康そうで、物怖じしない姫を気に入って、いつもたくさんのお土産を持たせて帰らせたというから、節子姫も候補の一人だったと思われる。

しかし、明治天皇の思し召しで、一旦は伏見宮家の女王が内定していた。その上、節子姫に特別の愛情を注いでくれていた、英照皇太后が明治三十年の一月八日、風邪をこじらせて突然この世を去った。六十四歳だった。この時点では節子姫は完全にお妃候補からは外れた。

いや、そのはずだった。ところが宮中の水面下では幼い節子姫には思いもよらないドラマが密かに展開していた。

そもそも、問題となったのは皇太子の健康状態であった。原武史著『大正天皇』によると皇太子は生まれたとき、全身に発疹があり、それが消えたあとも病気が続き、断続的に嘔吐や痙攣、発作に見舞われることがあったという。

満六歳になっても病弱なため小学校へ入学できなかった。ようやく満八歳で学習院予備科第五学級に編入学した。同級生の中には伏見宮禎子女王の兄宮の邦芳王もいた。

十三歳で学習院の中等科に進学するも、一年で中退せざるを得なくなった。これは学問の成績が悪かったのと、「挙動不審に関する噂話があった。」からということらしい。

つまり、皇太子は節子姫とはまったく正反対の幼少期を送っていたわけである。その事実が節子姫の運命にどう作用するかなどは、まだ誰も想像だにしていなかった。

ご婚約内定

明治三十二年の七月下旬のことだった。華族女学校では、いよいよ始まる暑中休暇を前にお別れの茶話会がもよおされていた。

学期末の試験で、節子姫は四十人中五番という優秀な成績をおさめた。それにもかかわらず、姫はいつもより沈んだ様子だった。

「わたくし、この夏は、どこにも行けないかもしれませんの」という意味深長な言葉を級友たちに洩らした。

もちろん、その真意を知る者は誰もいなかったが、この時期すでに節子姫が東宮妃となる話は、具体性を帯びたかたちで進められていたのである。そして、休暇が終わっても節子姫は学校へは戻ってこなかった。

では、すでに候補として内定していた伏見宮家の女王はどうしたのだろうか。

この間の事情が活字となって発表されたのは、昭和二十五年に出版された三宅雪嶺《みやけせつれい》著の『同時代史　第三巻』が日本で最初ではないかと思われる。

三宅雪嶺は明治から昭和の初期にかけて活躍したジャーナリストだった。その回想記のなかの明治三十三年の章で、のっけから雪嶺がこのことに触れている。
「本年に入りて消息通といふべき人々が語り合ふは東宮妃の事なり」という書き出しである。ほぼ決まっていた縁談がなぜ変更となったのか、その理由がもっぱら人々の口の端に上っていて、「最も重要なる人物」は、陸軍軍医総監の橋本綱常《はしもとつなつね》だと指摘している。

つまりこの人物が、皇太子と伏見宮家の女王との婚約の破談に深く関わっていたというのである。

では、橋本綱常とはどのような人物かというと、幕末の志士、橋本左内《さない》の弟で、自分自身を兄に比べると「到底及ぶ所ならず」と常に語っていたという。

とはいうものの、橋本綱常は博愛社病院（のちの日本赤十字社医療センター）の設立に協力し、初代の院長になった人物である。また、皇太子の主治医として知られるエルウィン・ベルツ博士とともに、皇族たちの診療にもあたっていた。

つまり、自身が謙遜するほど、兄に比べて劣っていたわけではないのだが、それでも、評論家の木村毅《きむらき》などは、橋本のことを、「傑《すぐ》れた資質は全部兄にもってゆかれて、全く取り柄のないぼんくらであり、昼行灯《ひるあんどん》であり、臍《へそ》のような男であった」とまで書いている。

普段は医学的な方面以外に政治に口を出すことのなかった橋本が、ある日、首相の山県有朋《やまがたありとも》を訪ねた。このとき橋本がなにを語ったかは、三宅雪嶺の回想記よりも、木村毅の「昭和天皇」

（『別冊歴史読本・歴代天皇125代』）に詳しいのでそちらのほうを紹介したい。

「遠からず東宮妃御内定だそうですが、いま噂に上っている候補では絶対にいけません。別にお捜しになりますように」と橋本は真剣な表情で山県にいった。

「とひょう（途方）もないことをぬかす」と山県は驚き、皇室の御内事に口出しができるかと本気で怒った。

しかし橋本はひるまなかった。皇太子は幼くして大患にかかられ、恢復したとはいえ、普通の青年よりはどこかひ弱なところがある。だから、その妃殿下になる女性は人並みより強健でなければ困ると主張した。さらに橋本は医者として皇太子の体調に関する詳しいデータを示した。そして、今、内定している候補では皇統が途絶える危険があると力説した。

そこまでいわれると山県も考えざるを得なかった。これまでの日本の歴史では、天皇が皇后のほかに側室を持つことを、当然とみなしてきた。しかし、時代は変わっている。諸外国に対する手前もあって、あからさまに複数の側室を持つのは許されない風潮となってきていた。

だとすると、皇太子妃はなにより健康で子供を産める女性が求められる。そもそも、伏見宮家の女王を気に入って、五摂家ではないが、妃殿下として迎えるようにと決めたのは、明治天皇だった。

しかし、山県は恐る恐る宮中にお伺いを立ててみた。するとさすがの明治天皇も、伏見宮家から迎えては皇統が途絶える危険があるといわれては反対はできなかった。案外あっさりとお聞き入れがあった。

また、伏見宮家でも、すすんで辞退した。一説によると、女王には肺の疾患があったともいわれている。

明治三十二年の三月に正式に婚約は破談となった。そして節子姫が新たな候補者として内定されたのは同じ年の八月だった。

このとき節子姫は数えで十六歳である。内定にあたっては当時の華族女学校の学監だった下《しも》田歌子《うたこ》が関与していた。大正九年の原敬《はらたかし》の日記には、下田歌子と会った際の話が記されている。その中で、歌子が伊藤博文より内命を受けて、自分が教育している令嬢の中から、節子姫を推薦したと語っている。

「別段優れたる御長所なきも、又何等の御欠点も之なきに付」いかがと思って伊藤博文に「内話」したという。

これはとりようによっては、ずいぶんと失礼な表現である。まるで節子姫がなんの取り柄もない令嬢だったように聞こえる。

しかし、歌子はそうした言葉を述べたあとで、「今日では立派な国母とならせられ」とのちに皇后となった節子姫を評価している。

実際、節子姫は、際立って美しいわけでも優秀なわけでもなかった。色黒で小柄だったが、前出の橋本綱常が診察したところ、健康に関しては申し分がなかった。

保阪正康著『皇后四代』には、宮内省の侍医で東京帝大のお雇い教師であるエルウィン・ベルツが、節子姫を何度か身体検査したと書かれている。「ベルツは節子姫が多産系の骨格をしていると評した。そこで最終的には伊藤博文、大山巖《いわお》、田中光顕《みつあき》ら十人の政治指導者や宮中関係者が会議を開いて決めた」という経緯だったそうだ。

このとき、節子姫自身はどのような思いで突然の婚約を受け止めていたのだろうか。

残念ながら、彼女が自ら記した日記や手紙は存在するかどうかも不明であり、あったとしても今のところ公表されていない。ただし、婚約にまつわるある事件が起きたのは事実である。

社会主義者として知られる山川均が、『ある凡人の記録』（昭和二十六年刊）の中で、興味深い事件の顚末を述べている。この本は山川の自伝ともいえるのだが、明治三十三年に雑誌『青年の福音』を発行したとある。その第三号に守田有秋《ゆうしゅう》が「人生の大惨劇」と題する文章を書いた。

それは皇太子と節子妃に関する内容だった。

「三十三年五月十日は、後の大正天皇となった皇太子嘉仁親王と九条侯爵家の第四女節子との『御成婚』の日で、当時はこれを『御慶事』と呼んでいた。ところがこの『御成婚』は、『節子姫』の意に反した強制によるものだということを、グループの一人が、『御学友』と接触のある確かな家庭から聞いてきた。これは当然に、仲間のあいだで議論の題目となった」

そこで守田が強烈な抗議の論文を書いたわけである。とはいえその文体はいたって散文的で、具体的に皇室や御慶事を指すような言葉は一つも使っていなかった。それでもこれは刑事事件となり、山川は日本で初めて不敬罪が適用されて投獄された。

今になって考えると、いったい山川たちはどこから、御学友に関する情報を得たのか、また、それはどれだけ正確だったのだろうかという疑問が浮かんでくる。

のちの節子姫の言動を思うと、彼女が結婚を嫌がっていたとは考えにくい。

むしろ将来、皇后になるべき覚悟を、十六歳の少女はしっかりと身につけていたのではなかったろうか。

破談のドミノ

華族女学校を中退した節子姫は、いわゆる「お妃教育」を受けることになった。

昭和天皇の時代には、東宮妃となる予定だった久邇宮《くにのみや》家の良子《ながこ》女王は、自宅の敷地内に特別に御学問所をつくり、そこで教育を受けたのだが、節子姫の場合はあくまで、自宅の中で、それは行われたようだ。

どのような進行予定が組まれたのか、あるいは教師は誰だったのか、詳しいことは不明である。もしかしたら下田歌子が何らかの関わりをしたかとも考えられる。

さて、それでは節子姫が入内前の日々を過ごした九条家とは、どのような屋敷だったのだろうか。

少し時間はずれるのだが、大正七年の一月に報知新聞が九条侯爵家の日常を記事にしている。この時期、すでに節子姫は皇后になっている。皇后の実家であるから、商人などの出入りもかなり厳しくチェックされ、いちいち履歴書を添えて、出入りの許可を申請したという。

家の中はすべて和室で、洋間は一つもなかった。つまり京都のお公家《くげ》さん風の家屋だったわけだ。言葉も京都の御所言葉が使われていた。そして出入りの呉服屋も京都からの出店がある髙島屋だけだったというのだから徹底している。邸内には一脚の椅子もなかった。東京にいても、頑なに京都風を守り続けていた様子がわかる。

それにしては節子姫の言動は、お公家さんというよりは闊達でモダンなイメージがつきまとう。あるいは養女として育てられた大河原家の影響が思いのほか強かったからかもしれないし、生まれつきの性格もあったと思われる。

明治三十三年二月十一日、皇太子と節子姫の婚約が正式に発表になったとき、誰よりも驚いたのが大河原夫妻だった。皇太子妃となるということは、やがて皇后、すなわち国母陛下となるわけである。その姫を育てたことを光栄だと思う前にただただ恐懼《きょうく》した。

節子姫が大河原家に残していった着物や玩具はすぐに九条家に返納された。手元に置いておくのは畏れ多かった。ほかの小物はただちに焼却された。

それを知った節子姫は、自分の思い出が残る品々がすべてなくなっては、「じいもばあも、淋しいことでしょう」といって、二人に宛てて和歌を色紙に書いて贈った。

昔わがすみける里の垣根には菊や咲くらむ栗や笑むらん

ものごころ知らぬほどより育てつる人のめぐみは忘れざりけり

この二首には、「むげにをさなかりしほど住みける里のことども思ひ出でて」という前書きがされていた。

これがもう二十代になった女性の歌なら、当然と思えるのだが、まだやっと十六歳の少女の歌として見るとずいぶん大人びているのがわかる。

節子姫は自分がもはや、気軽に大河原家を訪れることのできる身分ではなくなったのを、よく承知していた。ただ運命の流れに身を任すのではなく、自分の運命をはっきりと意識し、それに対応するだけの強靭さを備えていたからこそ、こうした和歌を詠んだのだろう。

それでは節子姫と実母の野間幾子との間にはどのような別れがあったのか。残念ながら今のところ、それを知る手がかりはない。同居もしていなかったので、実の母子とはいえ、精神的な距離は大河原夫妻よりも離れていたのかもしれない。

ただし、父、九条道孝との別離に関しては、一つの麗しいエピソードが残されている。

婚約の決まった年の春、九条道孝は姫を築地のとある料亭へと連れていった。宮中の人となってしまったら、こんなところに出入りもできなくなるだろうといって、親子水入らずの別れの宴を催したのである。

座敷には一人の若くて美しい芸者が招かれていた。その芸者の三味線に合わせて、父、道孝は「梅にも春の色そえて　若水くみか車井の　声もせわしき鳥追や」と静かに端唄《はうた》の一節をくちずさんだ。

その歌詞も節回しもたった一度、聴いただけだったのだが、節子姫の胸には深い印象を残したらしく、後年、酒を口にしたときなどに、一人でそっと唄うことがあったという。

それは自分がかつて身を置いて、今は遠くに去ってしまった俗世間の強烈な思い出だったに違いない。

皇太子との婚約の内定は、もちろん、節子姫の生活を一変させたのだが、その波紋が思わぬ形で、全く彼女とは無縁の人々にまで広がっていったことを、もちろん姫は知らなかっただろう。

小川金男著『宮廷』には「大正天皇御成婚余話」という章がある。

ここに登場する高辻子爵夫人のことを著者は「とかく自暴自棄の行動が多かった」と形容し、高辻家に関する描写がある。

高辻子爵は大正時代に東宮侍従を勤めた。小柄ないかにも温厚な感じのする人物で、家庭ではよき夫であることが窺えたという。

一方、夫人は「中年以後にもその若き日の美貌と怜悧《れいり》とがいまだに物をいっている風」で、つねに華やいだ雰囲気が漂っていた。つまり、夫に比べて、妻はずいぶんと派手な女性だったたのだろう。

だからといってそれが長い夫婦生活の崩壊につながるとは思えないと著者は書いているので、この当時何かしら夫婦の不和が話題になっていたようだ。

そしてその不和の原因は遠い日の大正天皇の御成婚にからんでいると著者は少しずつ種明かしを始める。

そもそも、のちの大正天皇となる皇太子の妃は伏見宮家の女王に内定していたが、健康上の理由で破談となった。そこで「困ったのは伏見宮家である」。なんとなく傷がついた感じになり、なるべく早くどこかに嫁がせたいと考えた。そんなとき、宮中の宴会で、父宮の伏見宮貞愛王が大尉の軍服を着た若い山内侯爵の子息の姿に目をとめた。

痩せぎすだが、きりりとしたいかにも頼もしい青年士官だった。そこで伏見宮は、「どうだ、君はまだ独身だろう?」と尋ねた。山内大尉は「はい、さようでございます」と答えてしまった。すると伏見宮はすかさず自分の娘を嫁に貰ってくれないかと直談判に及んだ。よほど、その青年士官が気に入ったのだろう。

山内大尉はすっかりあがってしまって、思わず「はい」と答えた。伏見宮は喜び、「それでは宜しくお頼みしますよ」と念を押し、満足そうに笑った。

その光景は、著者の先輩で宮中の仕人《つこうど》だった人が実際に見て語ってくれたので間違いないと

『宮廷』には書かれている。

実は、問題の青年士官はたしかに独身だったが、すでに上杉伯爵の令嬢と婚約している身だった。邸に帰るとさっそく、父侯爵に相談した。なにしろ相手は宮家なので、一度承諾したものを覆すのは、いかにも不都合だという結果になった。

どのような手段を使ったのかは不明だが、間もなく山内家と上杉家の結婚は破談となった。このことで最も打撃を受けたのは上杉家の令嬢だったと想像できる。本人はすっかり結婚するつもりでいたのだから。「乙女の純情はみじんに砕かれた」わけである。

その後、彼女は「なにごともなかったかのように小柄な、温和《おとな》しい、高辻子爵と結婚した」。これで、破談のドミノは止まったが、「わたしは当時の先輩の仕人の話を聞きながら、ふと、中年を過ぎた高辻夫人の乱行を思い浮かべて、女の業の深さに暗澹《あんたん》とした気持ちを懐《いだ》いたのであった」という一文で著者はこの章を結んでいる。

皇太子の立場

先に記したように、節子姫の婚約が正式に発表になったのは明治三十三年の二月十日だが、すでに前年の八月に新聞へのリークがあった。明治三十二年八月十六日の読売新聞は「東宮妃御内定」の見出しで、節子姫の名前を挙げている。ところが、その翌日の十七日の紙面では宮内省調査課よりの発表として、前日の記事は事実に相違するので取り消したいという記述がある。

なぜこういう事態になったのかは不明だが、読売のスクープをとりあえず宮内省が否定してみせたということである。その背後には伏見宮家の女王との婚約が破談になって、まだ半年しかたっていないという事情があったのかもしれない。

いずれにせよ、晴れの日を迎えるにあたって、節子姫のほうは、着々と準備を整えていた。問題は皇太子のほうだった。

皇太子の結婚をめぐって、内部でどのような動きがあったかについては、主治医のエルウィン・ベルツの日記に詳しく記されている。

まず、明治三十三年の一月二日、箱根の宮ノ下にいたベルツは宮内省からの電報で、東京に呼び出される。そして、一月五日付けの日記によると、呼び出されたのは宮内省が、「東宮体重減少の原因を知りたい」ためだった。

それについては、毎週詳しい報告書を出しているベルツは激怒するのだが、宮内省としては、とにかく皇太子の健康状態が心配でいても立ってもいられない心境だったのだろう。なぜなら、皇太子の結婚の日は迫っており、健康は重要なテーマだったからだ。

二月八日には有栖川宮のもとで重大会議が開かれたとある。出席者は、伊藤侯、大山侯、土方伯、宮相・田中子爵、それに橋本、岡の両博士だった。橋本博士とは、いうまでもなく山県有朋に婚約に関する進言をしたあの橋本綱常だ。

この会議で、「東宮の成婚を、事情の許す限り速やかに実現するむねの決定をみた」という。そして時期は五月初めと決められた。正式に発表されるのは紀元節にちなんで二月十一日となった。

この文章を読むと、皇太子の結婚には、かなりぎりぎりまで、ある懸念がつきまとっていたのがわかる。つまり、とりあえず婚約は内定していたものの、「実現する」のはいつなのか、まだ二月の時点でも決まっていなかったのである。それには理由があった。

三月二十三日、葉山御用邸で行われた重大な会議に関しての記述がその日の日記には報告されている。

それは皇太子の健康状態が、「五月の成婚にさしつかえないか、どうかの点」を相談するものだった。ベルツは橋本、岡の両医に同意して、わずかな懸念はあるがさしつかえないと述べた。

「懸念とは、体重が昨年の程度にどうしても達しないこと」だった。しかし、この点について天皇には、はっきりと言わないことになっている。なぜなら天皇が誰よりも皇太子の体重が増すことを望んでいるからだという。つまり、そこのところは天皇には曖昧にしたままで、結婚話を進めてしまおうと会議の出席者は思っていた。

伊藤侯や有栖川宮は、もはやこれ以上結婚を延ばすことはできないという意見だった。「それというのも、あらゆる東洋の風習とは全然反対に、東宮が成婚前に他の女性に触れられないようにすることに決定をみたからである」とベルツは述べて、そんな次第だから自分も「早い成婚が東宮に良い影響をもたらすだろうと思う」とその日の日記を結んでいる。

明治三十年代といえば、まだ日本の社会では、男性が妻以外の女性と肉体的な交渉を持つことが、公然と認められていた時代である。ベルツの言うように、そうした「東洋の風習」に反して、皇太子を童貞のまま結婚させようと、なぜ側近たちが思ったのかは謎が残るところだ。

当時、皇太子は十九歳だったので、一般の日本の男性ならそろそろ女性を知っていてもいい年齢だった。

これには、皇太子の性格や健康に関する配慮があったかとも考えられる。複数の関係者が後に述べているが、皇太子は好き嫌いがはっきりとしており、それを態度に表した。なまじ妃殿下以外の女性を知ってしまったら、それがなんらかのトラブルの原因になっても困る。また、健康に悪影響を与えるのを心配したのかもしれない。皇太子にはいつもこうした、「懸念」がつきまとったともいえる。

とにかく、皇太子の意思は全く無視されたまま縁談が進んでいたのは事実である。だから、結婚式の前日の五月九日のベルツの日記には、なんとも興味深い記述がある。

それは、二日前に有栖川宮邸で開かれた東宮成婚に関する会議での一幕についてだった。同席した伊藤博文が、ここで大胆な発言をした。

皇太子に生まれるというのは、全く不運なことだ。なぜなら、生まれるが早いか、いたるところでエチケットの鎖に縛られ、大きくなれば、側近者の吹く笛に踊らされねばならない、と言って、伊藤博文は操り人形を糸で踊らせるような身振りをしてみせたのだという。これにはベルツも驚いて、それならば、なぜ伊藤博文のような立場の人がなんとかしてあげないのかという疑問を呈している。

「現代および次代の天皇に、およそありとあらゆる尊敬を払いながら、なんらの自主性をも与えようとはしない日本の旧思想を、敢然と打破する勇気はおそらく伊藤にもないらしい」というのがベルツの観察だった。ベルツは外国人だけに、率直に、人間としての皇太子に思いを馳せている。その上で、ある日本人の言葉を引用している。

「この国は、無形で非人格的の統治に慣れていて、これを改めるのは危険でしょう」

天皇制を批判しているともとれるような言葉を当時の日本人がすでに口にしていたとしたら、面白い事実である。まだこの頃、側近者の吹く笛はそれほど危険なメロディーを奏でてはいなかったが、根本的な部分で、伊藤博文なりの思いがあったのかもしれない。

五月十日、いよいよ御成婚の日がきた。この日と翌日は各新聞が晴れの式典を報道するために大きく紙面を割いた。まだテレビのなかった時代であるから、新聞が最も早くニュースを伝える手段だった。ただし、写真を掲載するだけの印刷技術はなくて、挿絵が使われていた。

国民の関心は皇太子妃となる節子姫がどのような令嬢かということにあった。そこで、毎日新聞は下田歌子にインタビューをして、その結果をまとめている。

節子姫はすべてにかけて控え目な女性で、婚約が決まってからも態度が変わるようなことは全くなかったと語ったあとに、次のように続けている。

「これと取り立てて申すべき花々しき御事などはなかりしが、未来の国母として、些少だも欠点を有し賜わざる御方」と評しているのである。これは以前に引用した原敬の日記に出てくる歌子の表現とよく似ている。つまり、特に優れてはいないが、欠点もないという、いたって消極的な評価である。それが当時の歌子の偽らざる印象だったのだろう。

一方、東京朝日新聞の五月十日の紙面には、「妃殿下」という見出しで、節子姫の家庭的な背景が説明されている。父君の九条道孝公には、四人の若君と五人の姫君がいて、皆、側室の中川局、野村氏、田村氏の子供たちだという。中川局は節子姫の生母、野間幾子のことである。三人の側室がいることが堂々と御成婚の日の新聞に書かれているところに、いかにも時代が感じられる。

節子姫はいたって健康に育ち、華族女学校に入学してからも、どんな悪天候の日も馬車などに乗らず徒歩で通学し、一日も休まなかったと伝えている。

長い長い一日

日本中が祝賀ムードに湧いた、五月十日の日、結婚式の進行をはらはらする思いで眺めていた人物がいた。皇太子の主治医のベルツである。

一般の人びとの結婚式とは異なり、皇太子が挙式するとなれば、じつにさまざまな儀式が控えている。問題は病弱な皇太子が無事にそれらをやり通せるかだった。

その日の段取りに関しては、『貞明皇后』の中で詳しく述べられている。

まず、皇太子は午前五時に起床した。朝食を摂ったあとに陸軍少佐の正装に身を包んだ。そして馬車で宮中賢所便殿《かしこどころべんでん》（便殿とは天皇・皇后の臨時の休息所）に入った。

節子姫のほうは、ほとんど徹夜のスケジュールだ。自宅で、夜中に沐浴、その後に、お髪上げ、お化粧と続いて、それから礼装をととのえる。午前七時にはもうお迎えが来て、黒塗りの馬車で参内《さんだい》した。

待ちうけていた皇太子は、束帯に着替えていて、二人はお手水《ちょうず》をすませ、賢所内陣へとすすみ、玉串を奉じ、お告文《つげぶみ》を奏した。それが終わると、外陣《げじん》で神酒を受けた。節子姫は節子妃となったわけである。

そのとき、遠くでお祝いの皇礼砲が轟いた。午前九時、皇太子はふたたび陸軍少佐の正装にもどり、節子妃はマント・ド・クールに着替え、天皇、皇后に対面しお祝いの言葉と盃を賜った。

これで儀式が終わったのではなく、この後、二人は第一公式の鹵簿《ろぼ》で宮城を出て東宮御所へと向かった。時は午前十一時をまわったところだった。

若いロイヤル・カップルを乗せた四頭だての馬車は桜田門を出て、お堀端沿いに三宅坂を上り、麴町通り、四谷門を抜け紀国坂より青山通りをへて東宮御所へ入った。

その間、沿道には一般市民をはじめ小中学生までが整然と並んで、日の丸の小旗を打ち振って奉迎した。皇太子は群衆に挙手でこたえ、節子妃もつつましく会釈を繰り返した。二人の乗った鹵簿が東宮御所へ到着したのは、午前十一時四十分だった。

皇太子にとっては、ほとんど七時間近くかかって儀式が終了したのである。前日から親類の華族の人びとが自宅に泊まって、徹夜で準備をしていた節子妃のほうは、さらに長い一日を過ごしたといえる。

もちろん、公式日程が午前中で終了したわけではない。午後四時からは宮中で大謁見式が行われ、これには天皇、皇后も立ち会った。そして、夜は晩餐会があり二千人以上が宮殿の大広間に招待された。

まさに過密な日程なので、いたって健康な節子妃に問題はなかったが、体重が減少気味の皇太子の身の上をベルツは案じていた。

無事に婚儀が終わったあとの感想を、五月十日の日記で次のように記している。

「絶好の天気に恵まれて、東宮成婚式。今まで引きこもった生活をしておられた東宮にとっては、辛い一日であった。しかし、これによく耐えられたようである。宮中での結婚式は、古代日本の宮廷衣裳で行われた。それから、洋装の新郎新婦は儀装馬車で、宮城から青山の東宮御所に向われた。そこで午後一時に、東宮は直接関係のある人々だけにお会いになった。東宮はお元気な様子。妃は大変お美しい」

この晩、ベルツは銀座通りを歩いたが、どの店にも何かしらお祝いの気持ちを表すものが飾られ、「時としてはそれが、全く絵のように美しい集団を作っている」とベルツは感じた。

同じ日の原敬の日記にも、「全国大に祝意を表す」という記述があり、市中が賑わったと書かれている。

明治三十三年といえば、西暦で一九〇〇年である。日本は近代化の道をまっしぐらに進んでいた。英明を謳われた明治天皇の下で、皇室もまた、新たな道を模索していた。

日本の人民の心を一つにまとめ上げる求心力として、皇室の存在感を示す必要があった。

皇太子の結婚はまたとない機会だった。その意味では、日本中が祝賀ムードに酔い痴れたのは、大成功だったといえる。

このときのエピソードとして、梨本宮伊都子妃が自著の中で興味深い回想をしている。それは皇太子の御成婚奉祝のため、アメリカのサンフランシスコの在留邦人たちが自動車を献上した。日本に自動車が輸入されたのは、この明治三十三年五月が最初ではないかと伊都子妃はいう。

ところが、この自動車はブレーキがきかず三宅坂の堀に落ちたので、「御乗車不可」となってしまったと伝えられるが、真相は違うらしい。自動車の試運転がされたとき、初めて見るその速さに、通行人の老婆が驚いて堀に落ちてしまった。宮内省の役人たちは、こんな危険な物はお召用には使えないと判断して倉庫にしまいこんでしまった。

おそらくは、その当時、日本には自動車を運転できる技術を保有する人間がいなかったのではないか。それで、自動車を危険視する結果となってしまった。

日本に自動車が普及し始めるのは大正になってからである。初めて自動車のショウルームが銀座の四丁目にできたのは、明治三十四年の十一月だが、もちろん、一台も売れなかった。自動車の輸入が本格的に始まったのは、明治三十五年からといわれている。在日公館で使用されるようになり、日本人の運転手も育成された。

鉄道はすでに寝台車までできていたが、庶民の乗り物は自転車がせいぜいという時代だった。

無事に結婚式を終えた節子妃は、五月の下旬から六月の上旬にかけて三重、京都、奈良方面に新婚旅行へ旅立った。

節子妃は満十五歳、皇太子は満二十歳の若さだった。伊勢神宮で結婚の報告をすませ、京都御所にも数日滞在した。

節子妃の実家である九条家は万事が京都風の家系であり、父、道孝公は若き日を京都で過ごしていた。それだけに節子妃もこの古都には特別の思い入れがあった。新婚旅行がどのようなものであったかを示す資料は現存しないのだが、都大路を走る馬車からの眺めを節子妃が懐かしい思いで見ていたのではないかと想像できる。

結婚したばかりの頃の節子妃の写真や肖像画を見ると、年齢よりも、はるかに大人びた表情をしている。もちろん、まだ幼さも残ってはいるのだが、きりりとした眼光には意思の強さが感じられる。

それはこれから自分を待ち受けている日々に対する、強い覚悟のようなものを身につけていたからではなかったか。

結婚とは、けっしてロマンチックな男女の結びつきではないと節子妃は知っていた。なぜなら彼女は日本で最高の位に就く男性のもとに嫁いだのである。しかも自身はやがて国母陛下と呼ばれ、国民の敬愛を一身に集める存在になるはずだった。

生半可な気持ちで務まるものではなかった。現代から考えると節子妃の背負った重責はいささか気の毒に思えるほどである。しかし、その責務に耐えられる強靭さを備えていたからこそ、彼女は皇太子妃に選ばれたのだともいえる。

新婚生活を楽しむ余裕など節子妃にはなかった。とにかく早く皇室の伝統やしきたりを覚えなければならなかった。

九条家も公家の中では由緒ある高貴な家系だったが、皇室はまったく別の世界だった。

十五歳の少女は、ここで急速に大人になることを要求されたのだった。

第二章◎聡明な皇后

新婚の日々

節子《さだこ》妃と皇太子の新婚生活はどのようなものだったのだろう。残念ながら、節子妃自身が書き残した日記などは、現存しない。

二人は、やがて四人の皇子をもうけるので、その仲はいたって円満だったというのが、現在では定説となっている。それに間違いはないのだが、結婚当初、ちょっとした事件があったらしい。波風が立ったといっては、大袈裟かもしれないが、二人のこころが、すれ違った時期があったようだ。

小田部雄次《おたべゆうじ》著『ミカドと女官』では、その事件について詳しく触れている。

明治三十三年七月二十五日から皇太子と節子妃は日光田母沢《たもざわ》の東宮御用邸に滞在して、くつろいでいた。

同じ頃、かつての肥前佐賀藩主、鍋島直大《なべしまなおひろ》侯爵一家も日光の別荘に、一家で避暑に出掛けていた。

余談になるが、鍋島家は当時の日本の高額所得者の中で十一位に入る富豪だった。

その鍋島家に、皇太子が節子妃を連れずに一人で、八月十九日、突然やって来たのである。

あまりに急なことなので、鍋島家では、「きものもそれなり」で迎えなければならなかったと、令嬢の伊都子《いつこ》が日記に書いている。

すでに記したが伊都子は、華族女学校で、節子妃より二学年上級に在籍していて、お互いに顔見知りだった。十八歳の伊都子は、この年の十一月に梨本宮《なしもとのみや》と結婚する予定だった。その美貌は並み居る華族の令嬢や夫人たちの中でも、群を抜いており、結婚後は宮廷きっての美女と謳われた女性である。

その伊都子がいる鍋島家に、皇太子は歩いて来て、いたってきさくに、いろいろ話をして帰っていった。お供は、侍従一人、武官一人、侍医一人、それに犬のダックスだけだった。

翌二十日、鍋島侯爵は御礼を言うため、御用邸に出向いた。すると皇太子は侯爵を二十二日に食事に招待した。その席で、皇太子は二十三日にも鍋島家を訪れると告げた。

実際、小雨のなかを午後二時半ごろ、皇太子は到着した。すぐに二階にあがり煙草を吸った。そして伊都子の日記によると、「わが輩の犬をあずけるから、いつ子よくせわをしてやってくれ」といって、「暫く御ひざ近く御めし遊ばされ、犬の食物の事よりいろいろの御はなし遊ばし」、四時ごろ、ようやく帰っていった。

この二日後の二十五日、節子妃が突然帰京してしまうのである。理由は父君、九条道孝《くじようみちたか》公が危篤だという電報が届いたためと伊都子は知らされる。

「実父の危篤とはいえ、節子は嘉仁《よしひと》を日光においたまま、日光から直接九条家に帰ってしまい、しかもその後一週間も九条家に留まっていたのであった。新婚の皇太子妃が単身でこうした行動をとったことは異様である」と小田部は書いている。

つまり、やや想像を逞しくするならば、美しい令嬢のいる鍋島家に足繁く通う夫に新妻が嫉妬し、実家に帰ってしまったのではないかという解釈である。

節子妃の父君が他界するのは、この六年後の明治三十九年一月である。

たとえば、昭和天皇の妃だった良子《ながこ》皇后の場合でも、いったん嫁いだとなると、なかなか里帰りはできず、昭和五年の一月、父君の久邇宮《くにのみや》が重態におちいったとき、その枕頭に駆けつけられたのは、四日後だった。なんとか臨終には間に合ったが、それほど一度入内《じゅだい》すると、実家へ戻るのは、遠慮するものなのである。

それを考えると、たしかに節子妃の一週間の里帰りは奇異にも感じられる。

もともと病弱であり、ベルツなど主治医を心配させていた皇太子だが、このときだけは、とても元気な様子でせっせと鍋島家を訪問している。伊都子の日記を見るかぎりでも、節子妃が不在のときや、日光に戻ってきたあとも、小まめに鍋島家に立ち寄っている。

おそらくは、華やかな伊都子のいる鍋島家が皇太子にとっては、ひどく居心地が良かったのではないだろうか。

もしも、そんな夫に怒って、節子妃が実家に帰ったのだとしたら、ここで、彼女はある決断を迫られていたはずだ。これから先も、このような事態が起きる可能性はいくらでもある。それを乗り越えていくのが、皇太子妃の立場である。十六歳の節子妃には、あまりにも重い使命だった。

しかし、この里帰りによって、節子妃はその決心を固めたのかもしれない。勝気な姫君は、ここで耐える妃へと変身していったとも考えられる。

さらに、節子妃の前に立ちはだかっていたのは、さまざまな宮廷の儀式だった。

あらたに東宮妃の御用係として六人の女官が任命されたが、その主任は萬里小路幸子という女性だった。

幸子は貴族院議員で伯爵の萬里小路通房の娘で、かつては英照皇太后や、明治天皇の妃にも仕えた経験があり、年齢はすでに六十歳を超えていた。

十六歳という若い皇太子妃に老齢の女官がつくということは、つまりは教育係と考えてよいだろう。

とにかく、宮廷のしきたりにはすべて通暁しており、その上に和漢の学もひととおり修めていた。裁縫、料理、茶道などの心得もあった。

彼女の強い信念は、自分こそが、節子妃を未来の国母陛下になるようにお導きしなければならないということだった。

　やや下世話な表現をするならば、名門の旧家に若いお嫁さんが来た。古くから勤めている使用人が、自分こそ家風を教えるのだと張り切っているのと同じである。

『貞明皇后』には、「この宮廷のしきたり、ならわしを、徹底的に妃殿下にお教えして奉仕せねばならない」という幸子の信念が紹介されている。

　いかに幸子が厳しい女官だったかは、他の女官たちが、幸子の足音が近づいてくるだけで、ふるえおののいたということからもわかる。じろりと鋭い視線を相手に投げかけ、「おやつしなさいませ」という。

　それは皇室用語で「髪をなでつけていらっしゃい」という意味なのだが、なんとも気迫のこもった声で言われると、ぴしりとなぐられたような響きがあった。

　いわば三代の皇后に仕える身だという自負があったので、伝統は一糸乱さぬ状態で継承させるのが、自分の任務とこころえていた。

　したがって、たとえ皇太子妃であっても、容赦はなかった。

　ある日、節子妃は、のちに海軍大将鈴木貫太郎の夫人となった、鈴木孝子に「萬里小路にしかられて、ほんとに切ない思いをすることもあります」とそっと微笑みながら洩らした。

　また、御用係の関屋衣子に、「あのころは実につらいと思った。しかし正しいことを言って、萬里小路がわたしを導いてくれたのは、ありがたいことであった。よくないと思うことがあっても、正すべきことがあっても、それを黙って、なにも言わずに仕えてばかりいたのでは、決して頼もしい人ではないと思う」という回想を語っている。

まだ十六歳の小柄な皇太子妃が精一杯、古い伝統に耐え、それに同化しようとする姿はどこか痛々しくもある。

慣れない生活の中で、節子妃がこころの拠り所としたかったのは、夫である皇太子だっただろう。皇太子は病弱だといわれてはいたが、新婚時代は比較的心身の状態が安定していた。それは節子妃との結婚が良い意味で刺激となったからではなかったろうか。

皇太子が積極的に地方巡啓を始めるのも、結婚した年からだった。

親王御降誕

その日は、節子妃にとって、生涯で最も大切な一日だった。お産である。しかも初めてのお産だった。まだ十六歳と十か月の皇太子妃は、おそらく身の引き締まるような緊張の思いでお産所へ入ったことであろう。

当日の様子をもっとも詳しく描写しているのは、児島襄《のぼる》著の『天皇・第一巻』である。ただし、同書は、小説仕立てで書かれているため、どこまでが真実で、どこまでが著者の想像なのか、見極めが難しいところがある。大体、七割が史実、三割が創作と思って読めばよいのではないだろうか。

しかし、それにしても、児島の筆致はかなりリアルなものを感じさせる。

節子妃の懐妊が明らかになった頃、宮中でまことしやかに囁かれた噂があった。それは新年の慶賀に御所を訪れる最初のお客が、男性ならば親王が、女性ならば内親王が誕生するだろうというものだった。

その年、明治三十四年の元旦に、最初に東宮御所の門をくぐったのは、林友幸子爵だった。子爵は八十八歳だったというから、当時としては、ずいぶんと長寿である。また、のちに昭和天皇がほぼ八十八年の歳月を生き抜かれて崩御《ほうぎょ》されたことを考えると、どこかで因縁じみたものも感じさせる。

いずれにせよ、男性の訪問を女官たちは大喜びして歓迎した。これこそは親王の生まれる吉兆と思ったのである。何事かと驚いた林子爵も事情を聞いて、それでは自分の一念ででも、「日の御子」を誕生させてみせようと胸を張ったという。

余談になるが、宮中ではこうした迷信にも似た予兆を信じる傾向が強かった。今上天皇が誕生したときも、良子皇后のご実家の庭に大きな鶴が一羽、舞い降りたので、今度こそは親王がお生まれになるはずだと真顔で語る女官がいたと伝えられる。

節子妃がお産所に入ったのは明治三十四年四月二十九日の午後十時頃だと書かれている文献もあるが、前出の児島によると、それは午後七時過ぎだった。産婆は岩崎なお、看護婦は田中信子、侍医は橋本綱常だった。あの、伏見宮家との婚姻を破談にさせた橋本である。さぞやこの日を待ちわびていたことだろう。

節子妃は断続的に襲ってくる陣痛を、静かに、あたかも吟味するかのようにじっと耐えていた。もともと日本の女性はお産の苦しみに耐えるという慣習があったが、それにしても節子妃の若さを考えると、なんと気丈なことかと、岩崎なおは感服した。

初産の場合は陣痛が開始されてから、出産までに十時間以上かかるケースも珍しくはない。

ところが、節子妃は九時頃になると、呼吸が荒くなり、約一時間後の午後十時十分には分娩をすませた。まことに安産だったといってよい。

生まれたのは体重八百匁（約三キロ）の元気な男の赤ちゃんだった。産湯を使わせると大きな泣き声をあげた。

節子妃は疲れた表情で、枕に頭を静めたまま動かなかった。何も語りはしないが、どれほどの安堵が、その胸に満ちていたことだろう。日本国民四千万の期待を背負っての出産だったのである。

親王誕生の吉報はさっそく明治天皇に伝えられた。また、このとき皇太子は葉山に滞在中だったが、さっそく電報が打たれた。

新聞に「親王御降誕」の記事が載るのは、五月一日である。

前年の五月十日に結婚し、一年経たないうちに「この御慶び」があったのを、国民が手放しで喜んでいる様子が、興奮気味の紙面からは伝わってくる。

その背景としては皇太子が明治天皇のたった一人のお世継ぎであり、しかも病弱だったという事情がある。

前述したように、明治天皇は多くの子供に恵まれたが、なぜか皇太子以外の男児は皆、早世してしまった。それだけに皇太子が結婚した以上、なるべく早いお世継ぎの誕生が待たれたのである。

日本中が喜びに湧き、国旗を掲げて「奉祝」した。また「賀表を呈する」ため、休校となった学校も多数あった。

各宮家、華族、高位顕官が宮城や東宮御所へ祝賀を述べに伺候《しこう》した。

祖母となった皇后（のちの照憲《しようけん》皇太后）が皇太子の上京に合わせて東宮御所に行啓《ぎようけい》したのは五月三日だった。その二日後に、親王の命名式がおごそかに行われた。

五月五日は端午の節句であり、しかもお七夜にもあたった。

午前十時、徳大寺侍従長が東宮御所へ参内《さんだい》し、御命名書が中山大夫《だいぶ》の手に渡され披露された。

御名　裕仁（ひろひと）

御称号　迪宮（みちのみや）

のちに明治天皇より在位が長くなり、初めて日本の敗戦を経験する昭和天皇の名前が、このとき決まったのだった。

この命名は、尚書の「裕乃似民寧」（ゆたかなれば、すなわちもって民やすし）「允迪厥徳」（まことにその徳をすすむ）に由来していた。寛容で徳の篤い天皇となってもらいたいという願いを込めた名前だった。

当日は、あらためて日本中が奉祝ムードに湧いた。この日の梨本宮伊都子妃の日記には、次のようにある。

「今日は畏くも親王殿下の御命名式に付、午前十時、当宮様御出まし。青山御所へ御いで。つゞいて宮中豊明殿にて御祝酒の事。午後一時ごろお帰り。

けふは午前十時、青山練兵場にて祝砲百〇一発、日比谷の原にては花火打揚、大賑ひ。ことに端午の節句に招魂社《しょうこん》の御祭り、色々まじりて市中大賑ひなり」

ここに出てくる招魂社は、明治十二年に靖国神社と改称されていたが、伊都子妃は改称後も「招魂社」と書いていた。

青山練兵場のみならず、桜田門内や東京湾でも陸海軍が祝砲を発射したというから、この日は一日、花火や祝砲で大騒ぎだったのだろう。

節子妃の腕の中で、赤ん坊は何も知らずにすやすやと眠っていた。これから先、母子の行く手にどのような運命が待ち受けているのかを知る人は、もちろん誰もいなかった。

裕仁親王は色が浅黒く、髪はふさふさとしており、明るい眼をしていた。

当然ながら乳母もいたと思うのだが、いたって健康な若い母親は、むしろ自分の乳で育てたかったのではなかったろうか。

前出の児島襄の著書には命名式の一週間後の五月十二日に、東京日日新聞に載った記事を紹介している。

それによると、まず、皇孫殿下は皇太子と妃殿下の間の生まれた「御正嫡」であり、妃殿下はいたって「御健全」なので、可愛がりようもひとしおで、「御養育主任」を選ぶよりは東宮御所で妃殿下のもとで育てたらどうかという「御詮議」が内々にあると報じている。

つまり、これまでは将来、天皇となる子供が生まれたとき、その母親が側室であることが多かった。皇太子もまた、皇后ではなく側室の子供だった。しかし、今度は立派に正嫡の皇孫である。だから、養育を他人に委任する必要はないのではないかという意見が出たようである。たしかに皇室や宮家は子供を里子に出す仕来りがあり、明治天皇も皇太子も里子の経験がある。節子妃も里子に出された。

しかし、今回は節子妃の心の中に、母親のつとめを自分で果たしたいという思いが芽生え、それが外部に洩れて、この記事になったのではないかと児島は推測している。

皇室の伝統

いくら節子妃がわが子を自分の手で育てたいと思っても、それは叶わぬ願いだった。

もともと節子妃は強い意思を持った女性である。周囲の状況に流されるのを嫌った。だから、新婚の夫の身の回りのことも、すべて自らの手で世話をした。

これは一般の家庭では当然なのだが、皇室では異例だった。皇太子の日常の用事は女官がするのが慣例となっていたのである。この当時も皇太子のために六人も女官が待機していた。しかし、あまりにすべてを節子妃が仕切るため、女官たちはすっかり手持ち無沙汰になるという具合だった。

皇太子は生まれて初めて、使用人ではなく、自分の妻に日常を任せるという経験をした。これはずいぶんと快適だったらしく、少しでも節子妃の姿が見えないと大声で呼んで、捜しまわったという。

少し想像をたくましくするならば、年若い皇太子妃は、女官というものは夫の側室の予備軍であると知っていたのではないだろうか。皇太子の生母もまた女官だった人である。そうした女官たちを、なるべく皇太子に近づけないようにするためには、二つの作戦しかなかった。

一つは女官の手を借りずに、夫の面倒を見てしまう。そうすれば、女官すなわち側室が皇太子と親密になり子供を産むチャンスは少なくなる。二つ目には、なるべく早く自分がお世継ぎを産むことである。お世継ぎさえ生まれれば、側室を持つ表向きの口実はなくなってしまうのである。

節子妃がどこまでそれを意識した上で行動していたかは、今となってはわからない。しかし、結果的には、状況はすべて彼女に有利に運んだ。

もしも、十六歳で、すでに皇室での自身の立場をしっかりと把握し、黙々と着実に歩を進めていたのであったとしたら、驚嘆すべき賢さであり、また一人の女性としての成熟度の高さであった。

皇室に初めて一夫一婦の制度を確立させたのは、もちろん節子妃一人の力ではない。皇太子もまた、それに協力した。幼い頃、皇后を実の母親と信じて育った皇太子は、実母が女官の柳《やなぎ》原愛子《はらなるこ》であると知って強いショックを受けた。

ちなみに柳原愛子は明治天皇が崩御してから三位の局となり大正天皇に仕え、のちに昇進して二位の局となった。そして昭和十八年に亡くなってから一位の局を授けられた。したがって、資料によって、彼女の呼称は異なる。

いずれにせよ、皇太子は古い仕来りを許すべきではないと、そのときに強く決心したと『貞明皇后』には書かれている。「そして節子妃ただひとりを深く愛しつづけられた」とある。

そのとおりには違いないが、皇太子が全く女官に興味を示さなかったかというと、どうもそうではなかったらしい。それについては後述したいと思う。

さて、生まれたばかりの裕仁親王の里親は、もう早い段階で決まっていた。だから、いくら節子妃が自分で育てたいと願っても、こればかりは不可能だったのである。

話は飛ぶが、裕仁親王が成人し、天皇となって、最初の皇子が生まれたとき、良子皇后とともに子供はわが手で育てたいと希望した。そして、侍従長に何度もその希望を伝えた。しかし、それは拒否された。天皇が、宮城の敷地は三十万坪もあるというのに、「皇太子の住む一坪はない」と言って嘆かれたという伝聞が残されている。

その後、今上天皇が昭和三十六年二月に、浩宮《ひろのみや》の一歳の誕生日を迎えて、「いつまで子供と生活するかはわからないが、成人になるまでは、いっしょにいるつもりです」と言い切ったことにより、親王が里子に出されるという習慣は完全になくなった。

つまり、親子が一緒に暮らすという当たり前のことを実現させるために、皇室は裕仁親王誕生から六十年の歳月を待たなければならなかったのである。

裕仁親王の里親は海軍中将の川村純義伯爵に決められた。

それでは川村伯爵とは、どのような人物だったのだろう。

明治三十四年に六十六歳だったというから、天保七年の生まれではないかと思われる。鹿児島の出身で、明治維新のときは東北各地を転戦して功を立てた。明治十年の西南の役では軍艦をひきいて肥後八代《やつしろ》に上陸し、熊本城と征討軍との仲介につとめ、敵勢を打ち破った。その功により勲一等旭日大綬章を授けられ、海軍卿に任ぜられた。

国旗の「日の丸」や国歌の「君が代」の選定にも中心となって働いた人物である。

「明治天皇のご信任が深かったので、新しい親王の御養育掛には、特に明治天皇のお考えが強くはたらいたものと思われる」と『貞明皇后』には記されているが、児島著の『天皇』には少し違う側面が示されている。

海軍卿、枢密顧問官を務める川村伯爵は「居常謹厳にして温良長者の風ある武人」と評されていたという。つまりは大変な人格者だったのだろう。

その川村伯爵が皇孫御養育主任を拝命されたのは、皇太子からだった。しかも裕仁親王が誕生する三週間も前だった。ということは、生まれてくる子供が男児でも女児でも、養育を頼むつもりだったということになる。

川村伯爵の別邸は葉山の御用邸に隣接していた。皇太子のお召しにより御用邸に参上すると、じきじきに内命を受けた。そのときに、川村伯爵はなぜ自分が選ばれたのか、その経緯をたずねた。すると皇太子が微笑を浮かべてこう答えた。

「余事は（顧問らに）相談するが、これは我一家のことであるから、我君、母君両陛下と自分とにおいて選定したわけである」

実際には、ときの宮内大臣や内大臣などと入念に選考した結果だったのだが、皇太子の口ぶりでは、いかにも一家総出で話し合って決めたように聞こえる。

川村伯爵が感激してしまったのは、いうまでもない。恐懼して夫人春子に相談の上、養育掛を引き受けた。

節子妃は母乳でわが子を育ててはいたが、乳人として六月から矢崎しげ子が哺乳の任にあたった。

もちろんしげ子は厳重な身体検査を受けた上で、御所に参上した。裕仁親王はまるまると太っていたというから、節子妃の母乳をたっぷりと飲んでいたのだろう。しげ子に抱かれると親王はにっこりと笑った。あまりのもったいなさに胸がいっぱいになったと、しげ子は後に回想している。

初めての子供が節子妃の傍にいたのは、わずか二か月あまりだった。裕仁親王は七月七日には、もう里親の川村伯爵邸へと移られた。どのような思いで、節子妃がわが子を見送ったのか、それを示す資料はない。辛くなかったはずはない。しかし、皇室の伝統の大切さを知っている節子妃だけに、じっとその悲しみに耐えたのだろう。

この前日には明治天皇と皇后が東宮御所に行幸啓《ぎょうこうけい》になり、初孫の門出を祝った。川村伯爵の責任は重いものだった。しかし、皇太子は伯爵に「養育についてはけっして遠慮するに及ばぬ。川村の孫と思って万事育《やしな》え」といったという。

伯爵は訪れた新聞記者に、日本はすでに世界の列に入っている以上、皇孫殿下の養育は封建時代の大名のような弊があってはならないと語った。

世界的視野に立って教育にあたりたいという伯爵の抱負である。裕仁親王は明治三十七年十一月まで、三年半、川村伯爵邸で育てられた。

皇太子妃という仮装

明治三十五年の日本は、なんとも落ち着かない幕開けとなった。

一月二十三日、青森歩兵第五連隊の将兵二百十名が、八甲田山の雪中行軍を開始したが、二十五日には、未曾有の大雪と寒波のため道に迷い、飢餓と寒さに襲われ、百九十九人の犠牲者を出すという、日本の史上でも稀に見る悲惨な遭難事故が起きた。

そもそもこの行軍は、対ロシア戦を想定して考案されたものだった。

日清戦争以後、清国から遼東半島の一部をロシアは租借しており、旅順に永久要塞を構築しつつあった。さらに大連には東洋艦隊を六十一隻に増加して、ロシア極東における軍事力の強化を図っていた。それは、世界の大国にのし上がろうとしていた日本を牽制することを視野に入れての軍備だった。

中国大陸の空が険悪な空気に包まれているとき、日本は日露戦争が勃発する可能性を覚悟していた。そのため、満州原野での実戦を想定した訓練が八甲田山で行われたのである。

それから間もない、二月十二日、日英同盟調印の発表があった。新聞の号外が配られ、日本中が湧いた。イギリスのような大国と対等に条約が結べるまでに、日本が認められたのかと感慨を深くする国民が多かった。

この年の六月二十五日、節子妃は十八歳のお誕生日を迎えた。しかし、おめでたいことは、それだけではなかった。同じ日に第二子である皇孫が誕生したのである。

やや難産で、早朝にご産所に入り、三時間後の午前七時三十分に、やっと元気な産声が響いた。身長約五十センチ、体重約三・三キロのまるまる太った赤ちゃんだった。

昨年に続く慶事であった。皇太子はこのとき、葉山の御用邸に滞在していた。使者の報告に顔をほころばせて喜んだという。

第二皇孫の名前は七月一日の命名式で淳宮雍仁《あつのみややすひと》と決められた。母子ともにいたって健康だった。節子妃は、二年続いたお産にもじゅうぶんに耐えられるほど、若くて健康だった。

今度は皇太子が第二皇孫を手元に置いて育てたい意向を示したが、夏の間だけ親子水入らずで、葉山の御用邸で暮らし、その後は、十月十六日から、兄宮のいる川村伯爵邸へ預けられた。

一説によると祖父にあたる明治天皇が、強くそれを希望されたという。

川村伯爵の家では夫人の春子が前年から預かっている迪宮《みちのみや》を世話し、淳宮には令嬢のハナ子が付き添うことになった。

二人の皇孫は順調に発育していた。

その間にも日本とロシアの関係はさらに緊張をはらむようになり、明治三十六年の秋には萬朝報などの新聞も開戦を支持する論調へと傾斜していった。

翌明治三十七年の元旦に、皇太子と節子妃がエルウィン・ベルツに引見した。そのときの模様がベルツの日記に詳しく記されている。

「政治的にはなはだうっとうしい空模様の新年も、自然現象の上では至極快晴の天気をもって始まった」とあるので、東京は好天に恵まれていたのだろう。

まず、午前十時に、天皇、皇后の引見があったのだが、これに関してベルツは興味深い記述をしている。

天皇も皇后も洋装であり、「このような西洋心酔に自分は幾度、口を極めて反対したかしれなかったが、徒労だった」と書き、かつて伊藤博文侯爵から、宮中で洋式の服装が採用されると聞いたとき、自分は切に反対したのだが斥《しりぞ》けられてしまったと嘆いている。

ベルツによると洋装は日本人の体格に合っていないという。特に婦人には向いていない。そう主張したところ伊藤侯は「だが、わが国の婦人連が日本服で姿を見せると『人間扱い』にはされないで、まるでおもちゃか飾り人形のように見られるんでね」と反論した。

それでもベルツは納得しなかったようだ。十二時からの東宮御所での引見式でも、節子妃の洋装を気にして、次のように記している。

「東宮は軍服で、ごきげんが良かった。妃は白の洋装で、いつものようにお優しく美しい。お気の毒に、三メートルは優にある重い長すそで、歩くのにとてもお困りだろう、あの小柄なお体では全く綱渡りのあぶなっかしさだ！　侍女（バージェ）がそのすそを、妃の肩の高さに保持していたから、あの重い布地の目方が、きゃしゃな妃にはひどくこたえたに違いない」

ベルツの筆は当時の宮中における婦人たちの洋装の不自然さを、はっきりと描いている。皇后も節子妃も、日本女性の中でも小柄なほうだった。それなのに重厚なドレスの正装に身を包んだ姿は痛々しくさえ映った。

しかし、西洋の列強への仲間入りを目指している日本としては、すべてを洋式にしなければ気がすまなかったのである。特に、皇后や皇太子妃は、国民にとっては、模範となる理想的な女性像でなければならなかった。

当時はまだ、ほとんどの日本女性が通常は和服を着ていた。普段着の洋服さえ珍しかった時代に、正式なドレスを着こなす気苦労は並大抵のものではなかっただろう。ベルツはそれを察知し、外国人だからこそ忌憚のない筆で、「衣裳が服装ではなく仮装になっている」と、その感想を日記に書いた。

しかし、それは節子妃の宿命でもあった。皇太子妃、そしてやがては皇后としての仮装を生涯、続けていかなければならなかったのである。

この年の二月四日、日本政府は日露国交断絶の決議をなし、いよいよ日露戦争の火蓋は切って落とされた。

結果から先に述べてしまうと、日本は世界の大方の予想を裏切って次々と勝利を収め、明治三十八年一月一日には難攻不落といわれた旅順が陥落した。このため、日本国中が祝賀会や提灯行列などで勝利を祝った。

その二日後の一月三日、節子妃は三人目の皇孫を出産した。ご産所へ入ったのが午後七時で、わずか二十八分後には、無事に赤ちゃんが生まれた。身長四十九センチメートル、体重三キロで、兄宮よりはやや小柄だが、元気な男児だった。

お七夜にあたる一月九日、「命名の儀」があり、光宮宣仁《てるのみやのぶひと》と名づけられた。

このときも、節子妃の産後の経過はいたって順調で、間もなくお床払いとなった。ときに節子妃は満二十歳の若さで、三人の皇孫の母宮となったのだった。

前出のベルツは三月三十一日にも、東宮御所を訪れている。彼の日記には次のような描写があった。

「東宮から、再び皇子たちを見てほしいとのこと、ただし病気のためではなく、皇子たちはしんから丈夫である。皇子たちに対する東宮の、父親としての満悦ぶりには胸を打たれる。まず最初、先日拝見したばかりの、一番末の皇子を見舞う。誕生後八十日にしては立派な体格、見事な発育で、お母さん似だ。上の二人の皇子は現在、ほぼ四歳と二歳半になるが、まことに可愛らしい。行儀のよい、優しくて快活な坊やである。長男の皇子は穏やかな音声と静かな挙止とで、非常に可愛らしく優しいところがある。次男の皇子はいっそうお母さん似で、すこぶる活発で元気だ」

ベルツがすでに三人の皇孫の様子を書き分けているところが興味深い。実際、側近だった人びとの回想でも、昭和天皇は幼少の頃から「優しい」性格であり、のちの秩父宮《ちちぶのみや》は「活発」な子供だったことがわかる。これは、あるいは成人してからも変わらぬ資質だったともいえるだろう。

結婚十年後の病

節子妃の二人の皇孫を、わが子のように慈しみ育てていた川村伯爵が、明治三十七年の八月十二日、持病の萎縮腎を悪化させて世を去った。

当主を失った川村家では、皇孫たちの養育を辞退したいと申し出たが、後任がなかなか決まらず、とりあえず十一月から翌年の四月まで、沼津の川村家別邸に滞在した。

その後、宮内省では皇孫たちの養育を、東宮御所の隣りの皇孫御殿で行うことにした。

この頃の生活については、淳宮（のちの秩父宮）が、『文藝春秋』二十九巻八號の中で詳しく回想している。

皇孫御殿は「両親と同じ囲いの中」にあったので、子供の足でも五分ほどの近さだった。第三皇孫にも恵まれたことなので、「両親も僕等を自分の近くにおきたくなられたのか」と秩父宮は推測しているが、実際、皇太子も節子妃も二人とも非常に子煩悩であった。

といって、いくら近くても皇孫たちが好きなときに東宮御所へ遊びに行けるわけではなかった。それはせいぜい二週間に三回くらいだった。その合間に皇太子と節子妃が訪ねて来ることもあり、ときには毎日のように行き来をした。

皇太子はとても元気で、ごく気軽に運動の途中に突然立ち寄ることもあった。その回数は節子妃よりも多いくらいだった。

一緒に鬼ごっこをして大騒ぎをしたり、寝る前にわざわざ様子を見に来たりと、まさに眼の中に入れても痛くないほどの可愛がりようだったらしい。

皇孫御殿で食事をしたときは、よくピアノのある部屋で節子妃がピアノを弾き、子供たちと皇太子、それに侍従や女官まで加わって、皆で大合唱をした。唄うのは軍歌か唱歌だった。

日本は明治三十八年の九月に日露講和条約が締結されていた。あの大国ロシアを相手に勝ったのだという事実は日本国民に大きな自信を与えた。そして、強い日本の象徴として、天皇と皇后の存在は欠かせないものとなった。つまり、この時期から、日本人と皇室の絆はさらにしっかりと深く結ばれたのである。

三人の男児を出産した節子妃の地位は、揺るぎないものに見えた。皇太子も元気溌溂としていた。親子水入らずではなかったが、食後に大声を張り上げて歌を唄った思い出は「楽しいもの」だったと秩父宮は回想している。まだ明治天皇が壮健で、皇太子には比較的自由な時間と、こころの余裕があった時代の思い出である。

節子妃がピアノを学んだのは、ヨーロッパに留学した経験のある、幸田延子《こうだのぶこ》からだった。幸田は、小説家の幸田露伴《ろはん》の妹にあたる(早川卓郎編『貞明皇后』)。

音楽学校の教授だった幸田が、ときには節子妃の要望で「越後獅子」など世俗の歌を演奏することもあったが、日頃から節子妃が好んだのはベートーヴェンやモーツァルトだった。

この頃、皇孫御殿で侍女として仕えた女性に足立たかがいた。たかは、のちに鈴木貫太郎の夫人となる。鈴木貫太郎はいうまでもなく、昭和二十年八月の終戦時に昭和天皇の聖断をあおぎ、戦争終結に肝胆《かんたん》を砕いた、内閣総理大臣である。二・二六事件の際に、侍従長の職にあった鈴木は襲撃を受けたが、たかのとっさの機転で一命を取り止めたのは、あまりにも有名なエピソードだ。

そのたかは節子妃より一歳年下だった。しかし、初めて奉公に上がったころは、節子妃が三人の母親とは見えぬほど若々しく、自分のほうが年下とはとても思えなかったと語っている。

ある大雪の日、じっと銀世界の庭を眺めていた節子妃は、突然、長靴をはいて庭に出て行った。それにつられるように若い女官たちも庭に飛び出し、全員で大きな雪だるまをつくったり、雪合戦を始めた。賑やかな笑い声が庭いっぱいに響いた。

「わたくしは、あの時、なんとおてんばなお妃さまだろうと思いましたわ」

と、たかは追想している。

それだけおてんばな妃は、しかし人知れぬ悩みも抱えていた。まったく新しい、皇室という環境に慣れるために、努力すればするほど疲労が溜まっていった。

節子妃が心身の病に苦しめられたのは、入内して十年ほどたったときのことである。これに関しての詳しい資料は残されていない。ただし、当時、節子妃は次のような歌を詠んでいる。（『貞明皇后』 主婦の友社）

いかにせむああいかにせむくるしさのやるせだになきわが思ひ川

はてもなく千々に思ひの乱れてはわが身のほども忘れつるかな

来し方はただゆめにして行末の空ながむればまづは涙なり

へだてなく語らまほしく思へども人の垣根に心おかるる

これらの歌が結婚十年後に詠まれたことは、わかっているが、それ以外の背景は不明だ。節子妃はその生涯で千三百首ほどの歌を詠み、歌集も編まれているが、こうした和歌はそれには収められていない。

ただ伝わってくるのは、切実な孤独感であり、苦悩である。彼女が鬱の精神状態であったことが推測できる。

　こころの苦しみには、身体が敏感に反応するものである。明治四十四年の三月二十七日、節子妃は葉山の御用邸で高熱を発した。初めは風邪だろうと思われていたが、数日にわたって三十九度台の熱が下がらず、診察の結果、腸チフスであることがわかった。

　四月になっても、病状は続いた。十三日付けの読売新聞には、ようやく前日の夕刻から熱が三十九度以上には上がらなくなったと報じている。感染ルートについても新聞社が調査をしたのだが、葉山では今年は一人も患者が出ていないので、「申し上ぐるも畏き御事ながら」不思議で仕方がないという。

　同じ読売新聞の五月三日の記事でも、まだ三十八度九分の熱が出たことを報じているので、全快までにはひどく時間がかかったようだ。節子妃がようやくお床払いをしたのは、この年の七月一日だった。

　読売新聞の記事にもあるように、節子妃の病気にはいくつかの謎が残る。いったいなぜ、人一倍健康な彼女だけが感染したのか。また、これほど重症になったのか。今となってはその謎を解く手がかりはないが、節子妃がおそらくは生涯で初めて、生死の境をさ迷う体験をしたのは確かだった。

　しかし、この病気を克服したとき、節子妃の内部にある変化が起きていた。精神面の悩みがきれいに消え去ったのである。少なくとも、周辺の者の眼にはそのように映った。

当時の侍医の一人だった荒井博士は次のように語った。

「妃殿下は、侍医の手当や進言を、すべて素直にお受け取りになり、また日頃の宗教的なご情操を完全にご発揮になって、りっぱにご全快遊ばされました。このご病気によって、ご体質そのものが全く一変してしまって、すっかり健康体におなりになりました。結局、あのご病気は妃殿下にとって、一種の天恵みたいなものでありました」

つまり節子妃は大病を境として、生まれ変わったと言いたいのだろう。それは天の采配だったと侍医は思った。

なぜならば、この翌年の明治四十五年、七月、日本国民は「聖上御不例」のニュースに驚天動地の衝撃を受けることになる。

明治三十七年より糖尿病を患っていた明治天皇が、慢性腎臓炎を併発し、さらにその後、腸胃症に罹り、七月十五日より重篤の病状となったのである。

明治天皇崩御

そのつい四日前には、東京帝国大学の卒業式に行幸《ぎょうこう》されたばかりの明治天皇が、病に倒れたのは明治四十五年の七月十日だった。それがどうやら深刻な病状であると認識されたのは十四日になってからだった。

ときの内務大臣、原敬の日記には、当時の事情が詳しく綴られている。原が天皇の病気を知ったのは、七月二十日だった。宮相より連絡があり、すぐに参内している。また、その晩、「官報号外」が出たとある。

号外によって天皇の御不例（病気）を知った、国民の驚きは大きかった。もともと天皇には糖尿病の持病があった。そこに慢性腎臓炎を併発した。それまでは外見上は目立った症状もなく、通常どおりに激務をこなしていた。ところが十四日になって胃腸の不調を訴えて寝込まれた。それが十九日午後になると、「御精神少シク恍惚ノ御状態」になったというから、意識不明に陥ったのだろう。尿毒症も併発したようだ。四十度を超す高熱はただごとではなかった。

孝明天皇が突如崩御し、慶応三年一月、数え年十六歳の若さで、皇位を継いだのが明治天皇だった。それから半世紀近い歳月が流れた。国家統一の偉業をなし、日清日露の二大戦争を勝ち抜いて、日本を文明国へと発展させた明治天皇に対する国民の信頼と敬慕の念は非常に強いものがあった。

新聞には連日のように天皇の病状に関する報道が続いた。

七月二十二日付の東京朝日新聞によれば、皇太子が陛下の病状を知ったのは二十日の夕方で、一般の人々と同じ時刻だったという。それというのも、皇太子は東宮御所で水痘のため臥せっていたのである。すぐにでも参内したいところだが、伝染性の病気のため、それもできず、代わりに節子妃が宮中に伺い、その模様を「細やかに言上あらせられたる」とのことだった。したがって節子妃は二十一日には、もう見舞いのため参内していたのだろう。

三人の皇孫たちは、葉山に滞在していたが、電話で逐一報告を受けていた。そして二十二日に帰京して節子妃と共に見舞いに駆けつけた。その後も節子妃は内親王たちと一緒に看護に当たった。

この年の夏は暑かったようだ。乃木大将の談話として、達者な者でも、この暑さでは堪らないのだから、四十度からの「御熱気」があったら、どんなにか「御苦悩」だろうと記者に語った言葉が載っている。

余談になるが、乃木大将と妻静子は、明治天皇が没すると、大葬の儀式の当日、その後を追って殉死している。

七月二十三日には、少し病状が安定し、国民は安堵した。ようやく病が癒えた皇太子が二十四日には、参内した。

節子妃がとくに迪宮（のちの昭和天皇）だけを伴って参内し、皇后にお見舞いを申し上げ、日夜看護をしたいと懇願したのは二十六日だった。この頃には、もう重篤な状態だったのだろう。「御病勢御不良」「各宮御参内」といった活字が新聞紙上には載っている。

原敬の日記には、二十五日には、「宮城前二重橋前等は御平癒を祈願する人民群をなしたる」とあり、また、二十八日には、読売新聞の号外で、「陛下の身代わりに自殺を企てたるものある」ことが載っていたと書かれている。日本中が天皇の快癒を祈っていた様子が伝わってくる。

節子妃の看護は、実にこころのこもったものだった。一睡もせずに病床の天皇の傍に控えていたと、当時の新聞は伝えている。

しかし、その甲斐もなく七月二十九日午後十時四十分に、ついに明治天皇は六十歳で崩御した。ただし、践祚《せんそ》（天皇の位を受け継ぐこと）の式を挙行する関係上、正式な発表は七月三十日の零時四十三分となった。したがって新聞などの記載はすべて零時四十三分とあり、その十七分後の午前一時には、もう御座所において、皇太子の践祚報告式が行われたと報じられている。

皇位は一瞬も空位にしておけないという決まりがあるため、真夜中でも儀式が行われた。

新しい天皇は三十二歳、皇后は二十七歳の若さだった。

節子妃は、皇后となった日の胸の内を、後日、次のように語っている。

「なんといっても、明治天皇さんがお崩れになったときほど、悲しく、心細く感じたことはなかった。涙という涙が、すっかり流れ出してしまったような気がした。あのお偉かった明治天皇さんのお後を受けて、若いわたしたちが、どうして継いで行けることだろうかと、心配で心配でならなかった」(『貞明皇后』主婦の友社)

この言葉には、多くの意味が隠されている。節子妃が一番心配したのは、自分のことよりも、むしろあらたに天皇となった嘉仁親王のことではなかったろうか。

たしかにこの時期、まだ嘉仁親王は健康だった。日本国中をほぼくまなく行啓して歩いた。次は台湾を訪問する案まで出ていたほどだ。その意味では、節子妃という良き伴侶を得て、皇太子の体調は最高の状態だったといえる。

しかし、天皇に即位することは、若い皇太子にとてつもない精神的な負担をかけることになる。嘉仁親王は、すでに神格化されている明治天皇の後継者となるわけである。実際問題として、その日常も厳しく管理されるはずだった。

それまでは皇太子として、比較的自由な立場にあり、気軽に国民とも接していた。人間味あふれる姿を人々の前にさらしていたが、天皇ともなると、それは許されないことだった。

小川金男著の『宮廷』には、なんとも興味深い記述がある。

小川は仕人《つこうど》として宮廷に勤めていた。明治天皇崩御の直後、仕人たちに対して訓辞があったという。それは、今度の陛下は誰にでも気易く話しかける癖がおありだから、仕人はけして陛下の前に姿を見せてはいけないという内容だった。

その理由については、小川は触れていないのだが、新しい天皇が、今までのように気易く周囲の人々と接するのを、苦々しく思う側近がいたのがわかる。現人神《あらひとがみ》である天皇が、誰にでも話しかけては困るのである。

ところが、大正天皇の気性は、いたって自由奔放だった。やはり小川の回想によると、明治天皇の御大葬が青山で行われた夜、小川は大正天皇のお供をして青山から半蔵門まで、馬車で走った。沿道には拝観の人影が並んでいるのだが、馬車は「全速力で飛んでゆく」ので、小川は馬上から「どけ！　どけ！」と人影に向かって怒鳴った。「わたしは、あのとき初めて陛下の御気性の一端にふれたのであった」と書かれている。

つまり、馬車を疾走させていたのは、ほかならぬ大正天皇自身だったのである。こうした気性の激しさを小川は「王者の無邪気さや、それも、どこか神経の鋭敏さのみえるやり方」と表現している。

いずれにせよ、その無邪気さは、天皇に即位すると同時に封じ込められねばならなかった。

節子妃はそれを知っていたからこそ、若い自分たちがどうやって継いでいけるのかと、案じたにちがいない。

皇后となったとき、彼女は「神ながらの道を究めよう」と決心する。神ながらの道とは神道のことである。それをきちんと理解していなければ、皇后の地位には立てないと考えたのだった。節子皇后は神道の権威から講義を受け、納得のいくまで質問を繰り返した。

また節子皇后は、その在位中もそれ以後も宮中の祭祀には、きわめて熱心であり真摯に取り組んだことは、『牧野伸顕日記』などにも記されており衆知の事実である。

同時に彼女は天皇を補佐し、ほとんどの外出に同行している。これは明治天皇の時代にはなかったことだった。大正天皇が精神的にどれほど皇后の支えを必要としていたかを示すものである。こうして波乱の大正時代が幕を開けたのだった。

ある噂

まだ若い天皇と皇后を、多くの国民が新時代の象徴として迎えた。しかし、そのために天皇の責務は皇太子時代とは比較にならないほど増えた。その重圧が次第に病弱だった天皇の心身にも影響を及ぼしていったのだと、複数の伝記に書かれている。

といって、必ずしもすぐに調子を崩したわけではなかったようだ。少なくとも、初めの数年は活気あふれる生活を送っていた。その片鱗が山川三千子著の『女官』に描かれている。

それは天皇に即位して三か月後のことだった。山川は大正天皇を「新帝様」と呼んでいる。山川はずっと明治天皇の后（昭憲皇太后）に仕えていた。ところが明治天皇が崩御し、宮城にはそれまで皇太子妃付だった女官たちが移動してきた。つまり、新旧交替の時期だったのだが、それぞれの女官たちは、お互いに風習が違うため「ちょっとそりのあわないような感じ」が当初からあったと述べている。いわゆる庶民における嫁と姑のように、皇后と皇太后のあいだにもしっくりとはいかない部分があり、それを微妙に女官たちも感じていたのだろう。

以前は皇太子が勝手に宮城内を歩くことはなかったのだが、新帝となってからは、皇后の御《み》息所《やすどころ》へ行くため、しょっちゅう女官の詰所のあたりを通るようになった。

あるとき、山川が廊下を歩いていると、天皇にばったり会ってしまった。頭を下げて天皇が通過するのを待っていると天皇は立ち止まり、「ああ、お前は絵が上手だってね」と声を掛けてきた。「いいえ、そんなことはございません」と答えると「では何か歌えるだろう」とたずねる。「まことにふつつか者で、何の心得もございません」「でも学校にはいったのだろう」「はい。すこしはまいりました」と、答える山川に、天皇は今度は「自分の写真を持っていないか」と質問した。

なんとも奇妙な質問である。あわてた山川は「一枚も持ち合わせておりません」と答えた。その間にも天皇は一歩ずつこちらに近づいてくるので、山川は少しずつ後ろに下がっていく。困ったことだと思って、ふと振り返るとちょうど物置に続く杉戸があった。素早くその戸を開けて、中に入ると、そのときにお供の侍従たちが来たが、うまい具合に姿を見られないですんだ。「誰にも見つからなくて一安心」と山川は書いている。

なにしろ口うるさい世界なので、こんなことがたびたびあったら、どんな噂を立てられるかわからないと心配したのだった。

彼女の心配には実は理由があった。天皇がまだ皇太子の頃に宮城に参内して、皇后のご機嫌伺いに立ち寄った。そういうときはいつも年配の女官が対応することになっていたのだが、詰所の前を通りかかった皇太子は、何を思ったのか、山川に自分が手にしていた火のついた葉巻を渡し「退出するまでお前が持っていておくれ」と命令した。他にも年配の女官はたくさんいたのだが、致し方なく山川は「はい」と答えて受け取った。「なみいる人たちからは冷たい視線をあびせられて、身のすくむ思い、紫になびく煙をうらめしく眺めておりました」と回想している。

どうやら大正天皇は山川に特別の関心を寄せていたようだ。天皇になってからも、よく皇太后の「御慰問」などで訪ねて来たが、かならず山川を呼ぶように命じた。姿が見えないとわざわざ呼び出した。それも勤めと思っていたのだが、節子皇后が一緒のときまでそうするので、同僚たちから「ちょっと皇后宮様のおみ顔をご覧なさい」などとささやかれ、「なんとも引込みがつかない」思いをさせられた。

当然皇后も何かを感じているから不機嫌になるのであって、人づてに皇后が「あの生意気な娘は、私は大嫌いだ」と言ったという話も耳にしていた。

もっとも山川のほうも、節子皇后にあまり良い感情は持っていなかったようだ。だから『女官』の筆致には独特のものがある。

山川が皇太后と一緒のときに節子皇后が、

「『今日は歌を教えてあげるから一しょに歌いなさい』などと、調子はずれの大声でおうたいになったりするので、『こちらでは、そのようなことをいたさせませんから、あれにはできませんでしょう』と、お言葉を添えて、お助け下さるのは、いつも、皇太后宮様でございました」とあり、さも節子皇后が山川をいじめたように描かれている。

さらに、こうしたことが度重なるため、冗談ともいえなくなり、「人の噂もやかましく」なって、山川はすっかり面やつれしてしまったという。本人がそう書くのだから、真実かもしれないが、その裏には皇后と皇太后のこころのすれ違いがあったのかもしれないと思われる。もしも、山川に執着するあまりに「新帝様がこちらによこせ」などといったら、断るのは不可能なので、仕方なく山川は病気欠勤ということで、大正天皇が来るときは出勤しなくても良いという措置がとられた。

つまり、周囲の人々にわかるほど、大正天皇が女官の山川に興味を示したからだろう。そして、これは節子皇后にとっては、あまり愉快なことではなかった。だから露骨に不快感を示した。いかにも気性の強い節子皇后らしいとも思われる。

大正三年四月十一日に昭憲皇太后が狭心症で亡くなった。これによって、明治はついに終ったともいえる。宮中は完全に天皇と皇后の新しい時代に突入した。

翌四年の十二月二日、節子皇后は、第四皇子を出産した。名前は澄宮崇仁《すみのみやたかひと》親王と名付けられた。のちの三笠宮《みかさのみや》である。ときに節子皇后は三十一歳だった。

澄宮の出生に関しては、皇室ジャーナリストの河原敏明が自著『昭和の皇室をゆるがせた女性たち』で、はなはだセンセーショナルな記述をしている。

それは澄宮が生まれたとき、実は双子であり、片方の赤ちゃんは女の子だったというのである。昔は「男女の双子は情死者の生まれ変わり」といわれたため、皇子のほうは公表し、皇女は隠した。その隠された皇女が、養女に出されて、今は奈良の円照寺の住職をしている。

そういう噂を聞いた河原は取材を始め、当の本人である山本静山尼にも会いに出掛けた。しかし、もちろん双子説は本人によって否定される。河原は円照寺と皇室の縁が深いこと、何人かの関係者がそうした話を宮内省から聞いて知っていること、静山尼の神秘な生い立ちなどから、やはり彼女は皇女だったと結論づけている。

ただしこれらは、すべては状況証拠にすぎない。円照寺のご門跡が節子皇后の子供であるという確実な証拠は何一つない。たとえば当時の要人や側近の日記にでも、そういった記述があれば、信憑性は高まるのだが、原敬の日記などにも「皇子御降誕に付宮城並に青山御所に参内せり」といった短い記述しか残されていないので、真相は不明という他にないだろう。

もしも本当に双子だったら、せめて高松宮の日記くらいには、真実が記されているはずではないかと思われる。また、宮内庁と三笠宮自身も、この説をはっきりと否定している。

いずれにせよ、節子皇后は四人の親王の母親となったわけである。本来なら幸せいっぱいでなければいけないのだが、この頃から大正天皇は少しずつ健康を害していた。

秩父宮はのちに手記の中で次のように書いていた。

「父上は天皇の位につかれた為に、確かに寿命を縮められたと思う。東宮御所時代には乗馬をなさっているのを見ても、御殿の中での御動作でも、子供の目にも潑溂としてうつっていた。それが天皇となられて数年で別人のようになられたのだから」

裕仁親王妃内定

大正五年の十一月三日、裕仁親王の立太子礼が挙げられた。十五歳といえば、現代の感覚からすると、まだ少年だが、この頃から、すでにお妃選びが本格化していた。

この二年前に亡くなった昭憲皇太后は、その生前、実は密かに皇太子妃の候補を決めていた。それは久邇宮家の長女、良子女王だった。

明治四十五年七月に明治天皇が崩御したとき、各宮家はそれぞれ宮中にお悔やみを述べに参《さん》内《だい》した。数多くの弔問客の中で、とくに母宮に連れられた九歳の良子女王が昭憲皇太后の目にとまった。どこのお子かとわざわざ尋ねた。そして、良子女王を傍に呼び寄せて名前を訊き、写真を一枚所望した。母宮の俔子《ちかこ》妃には、ときどき娘を連れて御所に遊びに来るようにと伝えた。

当時、裕仁親王は十一歳だったが、すでに昭憲皇太后にとってはお妃選びを念頭においても良い年齢だった。それというのも、明治天皇の妃が内定したのは十六歳のときであり、大正天皇も十四歳になった明治二十六年からお妃選びが始められていた。したがって十一歳の裕仁親王も、そろそろ周囲がお妃候補を視野に入れてもおかしくない年齢だったのである。

ただし、これはかなり複雑な事情が絡む作業でもあった。加賀淳子著の「貞明皇后」(『婦人公論』昭和三十四年五月号)によると、「天皇家を取り巻く重臣元勲達は、それぞれに自己に有利な候補者を押し立てて競争をした」というのである。つまり、お妃選びとは多分に宮中における権力争いの側面があった。

いずれにせよ、昭憲皇太后が亡くなったのち、最も熱心に皇太子のお妃選びに関わったのは、いうまでもなく節子皇后だった。大正五、六年頃の『婦人画報』には「皇后陛下学習院女学部行啓」といったキャプションのついた写真が何度か掲載されている。これは明らかに節子皇后が未来のお妃候補を捜すため、学習院に足を運び、年頃の娘たちの立居振舞いを観察していたからだった。その中には当然、久邇宮家の良子女王もいた。

一説によると当時、選定の対象となった令嬢の数は数百人に上ったという。その中でも最終的には、三人の姫君が最有力候補として絞り込まれた。一人は前述の良子女王であり、他の二人とは一条家の朝子《ときこ》姫と、梨本宮家の方子《まさこ》女王だった。

もともと皇太子妃は一条家か九条家から迎える習慣があった。昭憲皇太后は一条家の出身であり、節子皇后は九条家の姫君だ。すると今度は一条家からでも不思議はない。

朝子姫は美しく聡明であり、学習院の同級生の間でも人気があった。しかし、血縁的に近すぎるということが理由に挙げられ、候補から外された。

梨本宮家の方子女王も一時は最有力といわれた。かつて若き日に大正天皇がひどく心を動かされた梨本宮伊都子妃は宮廷一の美女とうたわれたが、方子女王もその母宮によく似た色白で品の良い令嬢だった。

小山いと子著の『皇后さま』によると「嫋々《じょうじょう》としておさびしみのただようカーネーションのような風姿は、天長節の夜会で若いプリンスのお心に残り、一度何か文房具のようなものをプレゼントされたといわれている。」と書かれている。

だとすると裕仁親王にも淡い恋心があったのかもしれない。のちに小山いと子が確かめたところでは、たしかに子供の頃に日光に避暑に行き、皇太子と一緒に遊んで美しい小箱を貰った思い出があると方子女王は語っている。

しかし、方子女王もまた候補から外された。その理由として、彼女は子供が出来ない体質だといわれた。これはまったく根拠のない話である。なぜなら方子女王は大正五年八月、朝鮮の李王朝の皇太子、英親王李垠《りぎん》殿下と婚約し、大正九年に結婚したのだが、のちに二人の子供を出産している。

もう一つの理由としては、年齢が皇太子と同じだったことが原因だったのではないかと指摘する人もいる。これも可能性としてはあり得るが、もしも皇太子妃の選定に節子皇后が強い発言権をもっていたとしたら、やはり梨本宮家の姫君は避けたいという思いがあったのではないかと推測できる。

まだ新婚の頃に大正天皇が娘時代の梨本宮伊都子妃に興味を示した。そのことを節子皇后はけっして忘れてはいなかったろう。

いずれにせよ、ほとんど非の打ちどころのない三人の姫の中から、久邇宮家の良子女王が選ばれたのだった。

それでは、皇太子妃に内定した良子女王とは、どのような少女だったのだろう。まず、ほとんどすべての伝記に書かれているのが、彼女の美しさである。道ゆく人が思わず振り返るほど可憐でいきいきとしていた。それが学習院で並み居る令嬢方の中でも、ひときわ節子皇后の目を惹いたともいえる。

ただし、節子皇后は初めから、良子女王を皇太子妃に迎えることには、ある種の躊躇《とまど》いがあった。

まず、その家柄である。皇后自身は五摂家の出身だが、久邇宮家は皇族である。自分より身分が上の家から妃をもらうのは、上下関係が現代よりはるかに厳しかった時代であるから、さまざまな難局が予想された。

また、節子皇后は正妻の子供ではなかった。しかし、良子女王は久邇宮邦彦王の正妻の長女だった。つまり、あらゆる面で、良子女王は節子皇后よりも条件の勝った家柄、育ちだったのである。それが将来、自分にとって負い目となりはしないかと節子皇后が感じたとしても不思議ではない。

しかし、節子皇后は決断をした。なぜなら、見れば見るほど良子女王は魅力的な容姿をしていて、声もきれいだった。学習院での体操や長刀《なぎなた》の時間に号令をかける様子は、まるでこころが洗われるように清純だった。自分が感じた一抹の不安が、まさか後にとんでもない事件にまで発展するとは夢にも思わず、節子皇后は正式に婚約の準備に入るように命令を下した。

この頃、大正天皇の健康状態はすでに悪化していて、正常に執務ができる状態ではなかった。したがって、宮中の奥向きのことは、すべて節子皇后の判断に委ねられていたのである。

宮内省でも元老たちが相談し、意見が纏まり、波多野宮相から松本学習院女子部長に伝えられ、良子女王の詳しい成績表が取り寄せられた。その後、宮内省から久邇宮家にたびたび宮相や侍医が訪れた。良子女王の日常や、その手によって記された日記なども調査の対象になった。その上で身体検査が行われた。その結果は「申し分なし、麗質玉《れいしつ》の如き女性である」ということだった。

大正七年の一月、波多野宮相が久邇宮家に参上し、「両陛下の思召」が伝えられた。

もちろん、身体検査まですませていたのだから、久邇宮家では、当然、使者の来訪を予想していたであろう。突然の縁談ではなかったはずだ。

ところが、すでに前年の末から打診を受けていた良子女王の父、久邇宮にはある懸念があった。それは実は久邇宮家に色覚の異常または色弱症遺伝の疑いがあったからだった。

良子女王の母宮、俔子妃は島津家の出身だが、生母の寿満《すま》に軽度の色覚の異常があった。良子女王自身には何の支障もないのだが、もしも未来の皇子や皇女にそれが現れる可能性があるとしたら問題だった。

久邇宮は、その事実を自分から話したところ、波多野宮相が、まずは医師の学問的な判定を求めたらどうかと勧めた。そこで宮家に出入りの角田医師に調査を依頼した。

その結果は女子に関しては、皆健全で、その子孫にも遺伝の心配はないというものだった。

これで一応不安は払拭されたかにみえた。

宮中某重大事件

大正九年の十二月、慌しい年の瀬を節子皇后は、なんとも憂鬱な気分で過ごしていた。問題が起きていたのである。それも大問題だった。

天皇は前年の夏、日光で神経痛の発作を起こし、やがて脳病を併発して健忘症にかかった。「御発言に障碍《しょうがい》起り明晰を欠くこと偶々之《たまたま》あり」と発表されたのは大正九年の七月である。

つまり、宮廷内における大切な決断の多くが、節子皇后の肩にかかってきたのである。気丈な性格の皇后は、こんなときほど自分がしっかりと天皇を支えなければならないと思っていた。

しかし、今回の問題は、いささか複雑であり、さすがに利発で聡明だといわれた皇后も、どう判断してよいやら困っていた。

実は元老の一人である山県有朋《やまがたありとも》が、突然のように、久邇宮良子女王は、皇太子妃にふさわしくないといい出したのである。その理由は、いったんは片付いたかに見えた、色覚異常についてだった。良子女王の弟にあたる久邇宮邦英《くにひで》王が学習院初等科の身体検査で、色覚の異常を発見された。さて、そうなると、それが遺伝性のものではないかという心配が浮上した。

久邇宮家の侍医の診断では、その心配はないということだったが、山県は中村雄次郎宮相に調査を命じた。さっそく、宮内省侍医寮御用係で、眼科の専門医である保科真直博士が依頼を受け、「色盲遺伝に関する意見書」なるものが作成された。この意見書には、出生する男児の二分の一に、色覚の異常が現れる可能性があると書かれていたのである。

驚いた山県は、すぐに久邇宮に婚約の辞退を勧める手紙を書いた。山県は節子皇后が入内する以前、皇太子のお妃候補に伏見宮の姫が内定しかけていたのを、強引に辞退させた経験があった。だから、今回も八十二歳の老齢ながら、まだまだ宮中における自分の影響力は強いという自信を持っていた。

ところが、この山県の進言に久邇宮邦彦《くによし》王が猛反発をしたのである。なにしろ良子女王は、もう二年近くお妃教育を自宅で受けている。妃殿下に内定したとの発表もあった。それを今更、辞退せよといわれても納得できないというのが理由である。

昭和二十五年に刊行された『原敬日記』によると、久邇宮は節子皇后に拝謁したときに、後から読んでいただきたいといって、手紙を置いていった。その手紙とは「御内定通御決行を願はるゝもの」だった。

つまり、節子皇后に、内定通りに婚儀を決行して欲しいと直訴に及んだわけである。これが逆効果となってしまった。節子皇后は久邇宮の強引さに不快感を持った。

一方、山県は節子皇后に対して、あまり良い感情を抱いていなかった。そもそも、良子女王を妃に内定したのは、節子皇后の意向だった。「兎に角近来何もかも皇后陛下に申し上ぐる様になり、斯くては或は将来意外の弊を生ぜずとも限らず甚だ憂慮し居れり」との感想を洩らしている。

あまりに皇后の権力が大きくなったので、このままでは、何か弊害が起きるとまでいっているのである。

しかし、節子皇后の立場としては、天皇に諸事万端に関する判断能力が無い以上、彼女が取り仕切るしか方法はなかった。現在より、ずっと男尊女卑の風潮が強かった時代であるから、一部の人々の間で、皇后の権力が増大するのを危惧する声があったのも理解できる。

難しいのは、そうした批判に対して、節子皇后が、どのように折り合いをつけていくかだった。ときに皇后は三十六歳の若さである。なかなかに元気が良かったともいえる。

一時は劣勢となった、久邇宮側だったが、心強い味方が現れる。それは良子女王の皇后学で修身の講師を務めていた杉浦重剛《すぎうらじゅうごう》だった。杉浦は頭山満《とうやまみつる》に働きかけた。そこで頭山一派が「山県攻撃」を企てるという噂が流れた。その背景には山県の宮中内における派閥争いの陰謀があったともいわれている。

右翼の大物である頭山満とその傘下の浪人たちが動き出し、各種の印刷物が配布され、世情は騒然とした。こうなると事態は多くの人々の注目を集め、密かに「宮中某重大事件」と呼ばれるようになった。

一説によると、辞退を促すため使者として久邇宮家を訪れた伏見宮博恭《ひろやす》王に対して、久邇宮は、もしも婚約を解消せよというのなら、良子女王を殺して、自分も切腹するといったと伝えられる。

ついには大正十年の二月の紀元節の日に、婚約内定の変更に反対する人々が、明治神宮で大集会を開くという情報が入った。それを鎮圧するには宮内省より次のような通達を出すしかなかった。

「良子女王殿下東宮妃御内定の事に関し世情種々の噂あるやに聞くも右決定に何等変更なし」

それが二月十日のことで、翌日の新聞は大見出しで「良子女王の御婚儀と中村宮相の辞職」を報じた。簡単にいってしまえば、中村宮相が自分の辞職と引きかえに「変更なし」の決断を下して、責任を取ったのである。

これで一件落着したように見えた宮中某重大事件だったが、納得していない人が一人いた。それが他ならぬ節子皇后だった。

皇后はつくづく、久邇宮家の一連のキャンペーンに嫌気がさしたのである。

中村宮相の跡を継いで宮相となった牧野伸顕《まきののぶあき》の日記には、大正十年五月九日付けで、元宮相の波多野敬直《はたのたかなお》子爵の談話が記されている。波多野は少し前に節子皇后に拝謁した。そのときの模様を牧野に語り、それを牧野が書きとめたのである。

まず、皇后は以前に久邇宮から「直書」を進呈されたが、そんなふうだと「他日皇太子様が御困まりなさる事もあるべし」と心配し、「久邇宮様が御自分様が勝つたと云ふ御態度では宜しからず」と思っていた。

さらに皇后は驚くべきことをいっている。「未だ真の御内約であるから御取り消しになれぬ分けでもない」といい出したのである。これには波多野子爵も慌てて、ご婚儀については、もう中村前宮相が変更はないと発表してしまったのだし、勅許もあった後なのだから、もはや破談にすることは不可能だと申し上げた。

すると節子皇后は「御勅許のありたる次第ではない」といい、ただ大臣から葉山に電話があっただけだと答えている。

もしこの牧野伸顕日記の記述が正しいとすると、少なくとも大正十年の五月頃の時点でもまだ、節子皇后は気持ちのなかで正式に久邇宮家との縁談を認めていなかったことになる。これまで出版された良子女王（のちの香淳《こうじゅん》皇后）についての伝記の多くは、節子皇后がもっと早い時期に許可を与えたように書かれているのだが、真相は少し違うようだ。

大正十年八月十日の牧野伸顕の日記には木村事務官なる人物から聞いた話が記されている。それによると、大正八年六月、良子女王が母宮と御機嫌伺いに参内したとき、節子皇后がダイヤモンド入りの腕輪を良子女王に贈ったという。その品は自分が皇太子妃に内定したときに昭憲皇太后（明治天皇の妃）より拝領したもので、それを進呈するといった。だとすると「事実上の御約束の意味にて下されたる品物たる事は争はれざる事なるべし」という牧野の筆致には、それだけのことをしておいて、あとからまだ発表も約束もしていないと節子皇后がいい張っても、それは通らないというトーンが感じられる。

つまり、初めはこの縁談に乗り気だった皇后も、数々の障害が起こり、できれば解消したい方向にこころが傾いていったのだろう。

大正天皇さえ健康なら、皇后にここまでの苦労はなかったともいえる。

皇太子の外遊

節子皇后のこころを悩ませていたのは、実は皇太子の結婚問題だけではなかった。それと並行して、重大な事態の推移があった。

まずは大正天皇の健康状態だった。すでに述べたように、天皇の衰弱は始まっていた。その行動に異常なところが見られるのは、側近でなくても、容易にわかっていた。勅語を朗読していて、途中で黙ってしまったりするので、恒例の開院式の臨御も中止となった。

言語が不如意となり、公式行事に出席できなくなった天皇に、国民はどのような印象を持つか。皇后はその反応を気にしていた。

政府は二回にわたり国民に天皇の病状を発表した。したがって、ある程度、人心の動揺はおさえられたと考えられるが、それでも天皇が重態ならば、皇太子を摂政にすべきだという声があがるのは当然だった。

聡明な節子皇后が、自分に対しても陰で批判をしている人々がいるのを知らないはずはなかった。皇后が天皇の代わりに、宮中のすべての権力を握るのを阻止するために、皇太子を摂《せっ》政《しょう》として立てる案は、元老たちにも支持されていた。

だが、その摂政を立てる前に、もう一つ、しておかなければならないことがあった。それが皇太子の外遊だったのである。

現在でこそ、皇族の外遊は、少しも異例のことではなく、むしろ皇室外交という言葉までできている。しかし、大正時代の日本では、将来、天皇になる予定の皇太子が長期の洋行に出るのは、かなり思い切った決断だった。

では、なぜ、皇太子外遊案が浮上したかというと、それはときの首相、原敬が中村宮相に洩らした言葉に象徴されている。

「皇太子殿下の御態度、たとえばしきりに御身体を動かせらる、様の事は、誰か近侍の人より申しあげて御矯正相成りたきものなり。また洋食の召し上がり方も御存じなき様に拝見せり」

つまり、皇太子の態度に落ち着きがなく、マナーもあまり知らないようなので、外国で、実地にさまざまな経験を積んで欲しいと原敬は願ったのである。

ところが、まず、節子皇后が、この外遊に大反対だった。皇太子の外遊中にもしも大正天皇崩御などという事態になったら、誰が責任を取るのか。皇位は一瞬たりとも空位にしないという決まりがあった。まだ飛行機のなかった時代だからこそ皇后は心配をしたのだ。

この頃、節子皇后は片時も天皇のそばを離れないようにしていた。天皇の居間に屏風を立て、自分はじかに絨毯の上に座って書き物などをしながら、天皇の様子を見守っていた。

また、「当時は皇太子の御外遊を機会に、いろいろ不穏な計画があるといううわさ」があった（早川卓郎編『貞明皇后』）。

その「不穏な計画」とは児島襄著『天皇・第一巻』によれば、ヨーロッパでは日本人と朝鮮人の区別が難しいために、日本に反感を持つ朝鮮人の襲撃に対する警備が不十分だという説が流布されていたという。また、ハルピンを根拠とするユダヤ人の陰謀の存在も囁かれていた。つまりはテロを極度に警戒していたわけである。

こうした情報が節子皇后の耳に入り、彼女は頑として、皇太子の外遊の許可を出さなかった。その説得には一年余りを要した。

もっとも皇后の心配も杞憂ではなく、実際、皇太子の外遊中の香港で、皇太子を拉致暗殺する計画があり、実行しようとした朝鮮人が逮捕されている。

もう一つ、皇太子の外遊を難しくしたのは、相変わらずくすぶる結婚問題が関係していた。山県有朋一派は、皇太子が留守の間に婚約を破棄させ他の候補者を決めようと画策していたのである。

それでは誰を候補者に立てようとしていたのかについては、ロンドンの公文書館に保存されている、当時の駐日イギリス大使館が本省に送った外交文書に詳細に記されている。これは大正十年三月二十一日の日付になっていて、レポートを書いたのはパーレットという人物だった。

パーレットによると、婚約問題がここまでこじれたのは、他の宮家の嫉妬もあるが、長州と薩摩の対立が原因だとしている。

婚約に反対の山県有朋が長州の出身であり、良子女王の母である久邇宮家の俔子妃は薩摩の出身なので、二つの勢力がぶつかり合ったという見方である。これは現在でも、かなり浸透している解釈であり、実際、政界や宮中には二大勢力をめぐってのどろどろしたドラマが展開していたのは事実だが、問題の根底には、やはり節子皇后の拒否反応があったように思える。

ただし、このレポートによると大正天皇は婚約に賛成であり、節子皇后は反対だったとある。その理由は、天皇自身、かつて宮家の女王と婚約した経験があるためだという。どこまで真実かは不明だが、もしそうだとすると、節子皇后の決意は相当に固かったようだ。天皇の意思に逆らってでも縁談を阻止しようとしたのである。

少し話が飛ぶが、それは日本の女子教育界の重鎮である、下田歌子にも洩らしていた。大正十年三月二十八日付の原敬の日記には、節子皇后が下田歌子に「妃殿下皇族より出らる事なれば、将来の御折合等に付ても御心配」の様子を見せていたと書かれている。

いずれにしても、皇太子の外遊は、下田歌子などが、皇后に強く進言して決まったものの、その留守の間に新たな皇太子妃の候補者として白羽の矢が立てられたのは、前出の外交文書によれば、賀陽宮邦憲王《かやのみやくにのり》の女王だった。

残念ながら女王の名前は記されていないが、久邇宮家の良子女王とは従姉妹同士になる関係だ。賀陽宮邦憲王はすでに亡くなっており、宮家を継いだ恒憲《つねのり》王はまだ二十一歳の若さだった。山県有朋の一派にしてみれば、自己主張の強い久邇宮よりも扱いやすいと判断したにちがいない。

しかし、この話は結局、立ち消えとなる。それに関しては諸説があるが、まず、第一に国民の感情が、久邇宮家に同情的だった。いくらなんでも数年にわたってお妃教育まで受けてきた良子女王を破談にするのは、いかにもお気の毒だという思いを誰もが持っていた。

さらに山県有朋に対する反感もあった。「要するに山県久しく権勢を専らにせし為め、到処に反感を醸したるは此問題の最大原因なるが如し」と原敬は日記に書いているが、まさに山県が敗れた理由であった。

「大方の見方としては、この一件によって彼の権力や影響力が致命的な打撃を受けたというのが一般的です。山県は生命の危険にさらされているため、彼の小田原の家は厳重に警備されているといわれています」と、前出の外交文書は結んでいる。

複雑に絡み合った人間関係を背景として、結局は節子皇后の意思は受け入れられず、皇太子は海外へと旅立って行った。

大正十年九月三日、半年にわたる旅行を終えて帰国した皇太子は、外遊中に二十歳の誕生日を迎えていた。旅行により人間的にもすっかり成長した皇太子は、周囲の人にたとえ久邇宮邦彦王と将来意見が合わないことがあっても「公私の区別を立て処置すれば差支なかるべし」と語った。それは婚約を破棄するつもりはないという意思表示でもあった。

節子皇后も次第に、あきらめる心境になったようだ。大正十一年の六月、牧野伸顕宮相は、ようやく節子皇后から「涙を呑みて勅許被遊止むを得ざるべし」という言葉をひきだしている。「実は昨春の出来事以来は色盲の事は第二段となり、久邇宮殿下の御態度今少し御謹慎被為べきものと考ふ」というのが節子皇后の本音だった。あくまで、久邇宮が気に入らなかったのだろう。しかし、自分は良子女王の人柄には好感を抱いていると語っているのが、せめてもの救いだった。

遠眼鏡事件

大正天皇のいわゆる「遠眼鏡事件」について、ここで少し触れておきたい。

これは、伝聞として民間に流布されていた噂である。それによると、大正天皇は帝国会議の開院式のときに、自分が読み上げた詔書を、やおらくるくると巻いたかと思うと、それを遠眼鏡のようにして、議員席を見回したというのである。

時期ははっきりとはわからないが、大正九年頃のことではなかったかといわれている。ただし、これには諸説があって、まだ昭憲皇太后が健在だった大正二年頃だとする書物もある。いずれにせよ、大正天皇のイメージを深く傷つけた風説であることには間違いない。

かつて仕人《つこうど》として節子皇后に仕えた小川金男は自著『宮廷』の中で、この事件に言及している。

天皇が病気になってからは、世間で色々と取沙汰されていることがあるが、「それは陛下の御日常や御気質を知らないため」に起きた誤解だという。その例として、遠眼鏡事件を小川は挙げている。

「当時陛下は御自分が病気であって、健忘症であるということを常に気にしておいでになったので、勅語を巻かれてもそれが正しく巻かれているかどうかということが気にかかり、そういう仕草で一応おしらべになったもののようである」

つまり、天皇は特別に異常な行動をしたわけではないのにもかかわらず、それが誤解を生み広まってしまったと小川はいうのである。ともあれ、たとえ誤解であったにせよ、こうした風説が一般の人々の間に流れること自体に問題があった。

昭憲皇太后に仕えた女官の山川三千子は東京帝国大学の総長を務めた山川健次郎の姪にあたるのだが、自著の中で健次郎が大正天皇の遠眼鏡事件を「実際に拝見した」と語ったのを聞いたことがあると書いている。

いずれにせよ、考えられるのは、大正天皇に、いささか変わった振る舞いがあったということだ。それがはっきりと周囲の人間にもわかるようになったのは、大正九年頃からと思われる。

小川の回想に戻ると、日光の御用邸に行っていたときに、天皇は日光山の石段を自分で下りられず、侍従の徳川男爵に背負われて下りた。その後、神経痛が悪化して激痛のため脳症を起こし、健忘症にかかったと小川は書いている。

だからといって、天皇が、全く物事の判断力を失っていたわけではないらしい。ただ、病気であるがために、ますます神経質になって、しばしば「御厠」の具合を質問した。そのたびに女官が大急ぎで「御厠」を侍医療へ持っていって、検分をしてもらった。

あるとき、侍医がリンゴを勧めると、それが新鮮であるかをひどく気にした。その天皇の指は、もはや自由に曲げることができず、侍従が一本一本、指を曲げてあげて、ようやくリンゴが掴める状態だった。

そんな体調の衰えは当然ながら、宮中において微妙な影響を与え始めた。

顕著な一例を小川は紹介している。それは豊明殿で高官たちが御陪食をたまわったときのことだった。小川は検番として廊下に立っていた。宴会が終わり、高官たちがぞろぞろと出て来て、天皇が千草の間を通って帰るのを、見送るために並んで立っていた。

いつもなら絶対にないはずなのだが、高官たちは、あちこちで私語を交わし、ざわめいていた。「陛下が御病気だ、という観念があって気をゆるめていたのであったろう」と小川はいう。

そこに天皇がお出ましになったが、高官たちは、さすがに私語はやめたものの、突っ立ったままで、目送するような態度だった。そんな中で節子皇后だけ「おひとりが静かに頭を下げて最敬礼をしておいでになった」。

初めて自分たちの非礼に気づいた高官たちは、あわてて最敬礼をしたという。

「あのときは、陛下はたしか、侍従につきそわれてお出ましになって、痛ましいようなお姿で奥にお帰りになった」とあるので、おそらくは歩行もままならなかったにちがいない。

そのため、臣下から軽く見られるのを節子皇后はどのような気持ちで受け止めていたのだろうか。自分だけは深々と頭を下げていた皇后の内心は悔しさでいっぱいだったのではないだろうか。こうした状態になってからは、皇后は公式の席にも必ず天皇と同席した。自分こそが陛下を守らなければならないという強い使命感があったことが窺われる。

後世に伝えられる大正天皇の人間像は、その在位が短かったこと、また病気がちでもあったため、なんとなく意思が薄弱な印象を与える。

しかし、小川の記述によると天皇は才気もあり、人を見抜く力もあった。また、なんとか病気を克服したいと努力もした。

葉山の御用邸では、運動をしなければと考え、廊下を歩きながら、自分の気持ちを鼓舞するように、よく軍歌を歌った。それは決まって「道は六百八十里」というのだったが、健忘症のために「道は六百八十里、長門の」まで唄うとつまってしまうので、最初の同じフレーズを何度も繰り返した。それでも力一杯、声を張り上げて唄いながら廊下を歩くので、しまいには飼っていた九官鳥が、この一節だけ覚えてしまい、陛下のいないときでも唄うので、「女官などはよく陛下とお間違えした」という。

天皇の治療には侍医頭以外に五人の権威ある内科医が選ばれて、葉山に拝診にあがった。それぞれの医師の診立てが違って、大騒ぎとなる一幕もあった。それでも、五人も御用掛になったのには理由があった。明治天皇が御不例のときの侍医頭は、天皇が崩御するや、医学界のみならず民間からも非難の声が上がり、その屋敷には石が投げ込まれた。そんな事態にならないように、大正天皇のときは複数の医師を集めたのである。

天皇が容易ならざる御容態であるという発表は宮内省から何度か発表された。そして大正十年十月四日の四回目の発表は、かなり決定的なものだった。「要するに一般の御容態は時々消《しょう》長《ちょう》免れざるも概して快方に向かはせられざるように拝察し奉る」という一文が含まれていたのである。

これが意味するところは、天皇の症状がもはや回復の見込みがないということだった。

当然、世情は騒然となった。当時、侍従武官だった四竈孝輔《しかまこうすけ》の日記によると、新聞社は号外を発行し、読売新聞にいたっては「御容態を御重態と誤りたる」といった具合で、株式の暴落まであった。

なぜ、新宮内大臣（牧野伸顕）に変わってから、こんな国民を不安に陥れるような発表をしたのだろうかと、四竈は日記の中で怒っている。しかし、これには理由があった。

それは皇太子を摂政に据えるという計画が具体化していたからである。この少し前に皇太子は無事外遊から帰国し、その国民的人気は素晴らしいものがあった。時の首相だった原敬の日記によれば、原はまず主だった皇族たちを牧野宮相に訪問させ、根回しをして内諾を得た。しかし節子皇后はなかなかの難関とみたのか、十月五日の日記にはまだ、その運びには至らないと記している。

ようやく松方内大臣が節子皇后に拝謁して、摂政を置く件を内奏したのは大正十年十月十三日だった。「陛下に於かせられても兼て御覚悟ありたるものと見え、御異論なく先ず一安心せり」とあるので、皇后はすでに、この日が来るのを予期していたと思われる。

大正十年十一月二十五日、皇族会議および枢密院会議で皇太子の摂政就任が満場一致で決定された。新しい時代の始まりだった。

質素の範

その知らせを聞いたときは、さすがに気丈な節子皇后も、思わず落涙したという。

皇太子が摂政宮に就任するわずか三週間ほど前の大正十年十一月四日に、ときの首相、原敬が東京駅で十八歳の中岡艮一《こんいち》に暗殺されるという事件があった。

原は受冠を固辞し続けたために、「平民宰相」などと呼ばれ、一般の人々の高い支持を得ていた。その一方で皇室に対する忠誠心はまことに強いものがあった。だからこそ、皇太子の結婚問題や摂政就任の件も積極的に動き、なんとか無事に決着をみようと尽力していた。

それを一番よく承知していたのが節子皇后だった。十一月五日に宮内大臣の牧野伸顕が節子皇后を訪れると、皇后は涙ぐみながら、原は「日常容易ならざる心配」が重なっているはずなのに、いつ会ってもニコニコしていて、よくああいう態度が保てるものだと感心していた。「実に珍しき人なりし」と言って、あとはまた涙だったという。

牧野は節子皇后のこの言葉を聞き「何《い》つもながらの御聡明に奉驚」と記している。節子皇后と身近に接する機会の多い牧野だが、それでもこうした皇后の鋭い人間への洞察力を知ると、驚くことが多かったのだろう。

皇太子が摂政宮に就く際も、皇后は天皇が政治向きのことを見るのが好きなので、形式だけでも、書類を回してくれないかと頼んでいる。皇后はそうした気配りをする女性だった。

大正十一年は節子皇后にとっても、そして日本全体にとっても、あまり良い年ではなかった。不景気の風が吹き、明治四十三年以来、日比谷交叉点に立って交通整理にあたっていた巡査が、「買物をかかえた人もすくなく、こんなさびしい年末年始はない」といったほどだった（児島襄著『天皇・第一巻』）。

この年の一月には大隈重信が亡くなり、翌月に山県有朋が世を去った。明治維新以降、日本の近代化に努めてきた第一世代が、次々と姿を消していったのである。

当然ながら宮中にも新しい風が巻き起こっていた。皇太子の人気は抜群であり、父陛下に代わって、毎週二回、宮城に出仕して公務を精力的にこなした。帝国議会では勅語を代読したが、その若々しい姿に議員たちは感動した。

だが、急激な変化に不安を覚える人もいた。一月二十八日、牧野伸顕は皇太子から自身の結婚観について種々詳しく聞かされた。それによると、皇太子はやがて自分も結婚するが、ついては女官の住み込みを廃止し、すべて日勤制に改めたいといい出したのである。そうでないと、妃殿下は世間知らずの女官に取り囲まれて暮らすこととなり、「啓発」される機会も少なくなってしまうだろう。さらに、子供が出来たら、今までのように他所に預けるのは「不賛成なり」

といい切った。

　これには、牧野もいささか困ったようだ。皇太子は外遊の影響もあり、また周囲の空気もあって、少し極端に走っているのではないかと心配している。その上で、牧野は節子皇后の心境に思いを馳せている。皇后は女性としては実に聡明であることは、いつも感じるところだが、「総て御考へは伝聞的に入らせらる、を以て、御親子の間、将来御調和の持続せらる、事は実に必要事なれば今後十分御注意を申上ぐる事を怠らざる様心懸ける決心なり」と述べている。

　つまり、皇太子があまりに急進的なために、やがて皇后と意見の衝突を見る日が来るのではないかと心配しているのである。実際、妃の内定問題にしても、まだこの時点でもすっきりとしないものが残っていた。皇太子は久邇宮家から妃を迎えようと、外遊中に決心を固めたかに見えるのだが、皇后は依然として、こころの晴れないところがあり、「涙を呑みて」勅許もやむを得ないという言葉をようやく口にしたのは六月九日になってからだった。

　それだけに牧野の危惧は理由のないものではなく、やがて庶民の感覚でいえば、いわゆる嫁と姑の確執が、のちにおおいに節子皇后の頭を悩ませることとなる。

　それはさておき、なんとか牧野が勅許の儀までこぎつけたのは六月二十日だった。

　七月に入り、節子皇后は天皇とともに、日光に避暑に出掛け滞在した。二十一日、日光を牧野が訪ねて、一時間ほど皇后と話し合った。それは皇太子の結婚の準備についてだった。

ここで皇后は強い意思を示した。彼女は四つの項目を挙げて、指示を出している。第一には、明治三十三年の自分の結婚式の「程度を越へざる範囲」で諸事万端を準備すること。第二はなるべく国産品でもって準備をすること。ただし国内で調達不可能なものは例外とする。第三にどうしても儀式に必要なものは準備をするのが当然だが、質素を旨として、「努めて華美を避くべき」こと。第四はとかく婚儀については完備を計り、衣服や道具の調達は遺漏がないようにしたいのが人情だが、できるだけ「必要欠く可からざるもの」だけに限るようにという意見だった。

つまり、皇后の強調したかったのは、必要以上の出費をするなという一点だったのである。今の時代は「世俗浮華に流れ、人心安逸を貪り、物質を重んずる気風一般に漲る」といった傾向にあり、またその反面、貧富の差は広がるばかりで、容易ならざる事態だ。だからこそ、皇室より「質素の範」を示すのが時代に即したやり方ではないかと牧野が進言すると、皇后はそれこそ「時勢に適切の方針」だと賛意を示した。

皇后自身が入内するときに、実家で支度を整えたが、日常使用するには立派過ぎるので、蔵にしまいこんだ。そして、通常の生活で使うものは、別に新調したために、かえって物入りとなった。そのために二十年の間、ほとんど目に触れないものさえある。

もっとも「下々にては結婚の時ならざれば到底調達出来ざる事情もある」ので、それは仕方がないが、「我々の処」では、いつでも必要に応じて自由に品物を調達できるのだから、余計なものは省き、そのときに入用なものだけに限るようにして欲しいと、皇后は語った。その「御思召」に牧野はおおいに力を得たと記している。

この頃の節子皇后の関心のひとつに、宮中での経費の節約があった。世の人々は不景気に喘いでいるというのに、皇族だけが奢侈《しゃし》に溺れてはいけないという強い警戒心があった。皇太子の納采の式（一般の結納にあたる）が終わったのは九月二十八日だが、十月十九日には、牧野より「御資状況」の報告を受けている。「収支関係困難」とあるので、予算が厳しい状況だったのだろう。非常に倹約しなければ、来年度の予算編成は難しいといわれ、皇后は宮中においても節約するよう側近に申し付けると約束している。

皇后としては皇太子の結婚を控えて、やや浮かれた空気になっている奥向きも、引き締めるべきだと考えていたのだろう。この精神はやがて昭和天皇にも引き継がれ、もっぱら質素を旨とする生活をするようになる。

こうした決心を皇后がしたのには、当時の社会的な背景があった。大正十一年三月十七日、宮城二重橋の上で上奏文を懐にした中年の男が「直訴だ」と連呼して、自爆する事件が起きた。

これは政府の首脳たちに多大なショックを与えた。この時期、巷間では社会主義者たちのテロの噂が、さかんに囁かれていた。何か凶事が日本を見舞うのではないかという不安に、節子皇后は密かに胸を痛め、警戒の念を強めていた。

病状が深刻化する天皇と、まだ若いが故にとかく理想に走りがちな皇太子との間で節子皇后は絶妙の舵取りを続けていた。

大地震発生

病床にある天皇に代わり、節子皇后の果たす責任は通常よりもいっそう重くなっていた。

大正十一年の十月初旬、明治天皇が崩御してから十年後にあたるため、皇后は単独で伊勢の皇大神宮《こうたい》や伏見桃山の御陵へ参拝の旅に出た。

名古屋離宮に泊まったのち、翌日伊勢へ向かい、豊受《とようけ》大神宮、皇大神宮に参拝した。さらに旅は続き京都で旅装を解いて伏見桃山御陵を参拝した。

ここでは九条家の菩提寺である東福寺も訪れ、京都在住の九条家の人々と面会した。

その後もいたって健脚な皇后は、気品ある立ち居振舞いながら、お付きの者が驚くほど、次々と寺院や神社などを精力的に歩き回った。ときには同行の属官が途中で疲れて、遅れてしまうほどだった。

いよいよ明日は東京へ帰るという最後の日の晩餐に、皇后は生母、浄操院を招きこころゆくまで歓待した。この年は三月に九州方面へ旅した際も途中の須磨で生母と対面している。皇后という立場にあって、生母と年に二回も会えるのは珍しいことだった。

皇后が母君に対して、どのような思いを持っていたのか、書き残した和歌などはないので想像するしかないのだが、生母の浄操院は正妻ではなかった。それだけに節子皇后の心中には他人にはいえない複雑な感情があったのではないだろうか。

まだ大正天皇が壮健の頃に京都に行幸したことがある。その際に九条公爵夫妻が天皇に拝謁する機会を得た。節子皇后の実母として浄操院も同行を許された。これは大変に名誉なことだった。ところが、いざ、拝謁が終わり三人が馬車に乗り込むとき、浄操院は何げなく自分が初めに乗り込もうとした。すると九条公爵はわざわざ彼女をさえぎり、自分たち夫婦が先に乗り込んだのである。

それを見ていた、『宮廷』の著者小川金男は「いかにも無慚《むざん》に感じた」と書いている。「かりそめにも皇后陛下の御生母であるのだから、そのときくらいは、御生母としての心情を汲みとっての扱いをしてもよさそうに思えた」と浄操院に深い同情を寄せている。

「実際、華族社会の妾はまったくの日陰ものである。『腹は借りもの』という観念だから、子供は人前ではただ『おばば』と呼び捨てであるし、親戚たちも『おはら』というだけで相手にしないのである」と憤慨する小川は、こうした社会で育ったからこそ、節子皇后があれだけ「しっかりしておいでになる」のだろうと推測している。

正妻の子供ではないという引け目が、もし節子皇后にあったとしたら、そのぶんだけ浄操院に寄せる愛情は強かったのかもしれない。

節子皇后の十五年間の宮城での生活のなかで、生母がおもてだって拝謁したことは一度もなかった。旅先で会うか、あるいは裏から宮城にそっと入った。玄関から堂々と入って、得意の鼓を打って母娘の団欒に興じたのは、天皇が崩御したあとだった。

余談になるが浄操院は長寿で九十歳を過ぎてから亡くなっている。

さて、大正十二年は、本来ならめでたい年となるはずだった。皇太子の結婚式が十一月二十七日に内定したのである。明るいニュースは、きっと日本全土を覆っていた不況の波を吹き飛ばしてくれると誰もが期待していた。

この年の夏、節子皇后は天皇と共に日光の田母沢御用邸に滞在していた。いつもなら葉山へ行くのだが、海辺の暑気と湿気を天皇が嫌ったため、珍しく日光で避暑ということになった。

これが幸運だったと皇后が知るのは、九月一日になってからだった。その日の正午近く御用邸は激しい地震に襲われた。棟柱はきしみ、棚からは物が落ち砕け散る音が響いた。平素は淑やかな女官たちも思わず悲鳴を上げて逃げまどった。

しかし、節子皇后は静かに女官たちを手で制し、身体の不自由な天皇を抱きかかえて、縁側から庭先の芝生のところまで連れて行こうと、足を踏みしめて、階段を下りた。まったく取り乱した様子はなく、しっかりとした足取りだった。

天皇を芝生まで運ぶと、またしても襲ってくる激しい余震のなかで侍従を呼んだ。ひどい地震だから、急いで東京へ電話をして、こちらは無事であると知らせるように、また東京の様子を聞くようにと命じた。

ところが、侍従が電話を掛けてみたが不通になっていて役に立たない。その旨を皇后に伝えると、それでは伝書鳩を使うようにと重ねて命令した。

御用邸では、以前からこうした不測の事態に備えて伝書鳩を飼育していたのである。鳩の足に「両陛下は御安泰」と書かれた通信文を巻き、東京の方面に向かって空高く放った。鳩は矢のように一直線に飛んでいった。

暗くなるにつれて、東京方面の空が真赤に染まっているのが、はっきりと見えた。夜露に濡れながら、皇后は摂政宮の身の上を案じながらも、天皇は自分がしっかりとお守りしなければと堅く決意していた。このとき秩父宮と高松宮と三笠宮は、たまたま日光に滞在していた。

まさか相模湾を震源とした大地震により、東京の各地に火災が発生し、最終的には九万人以上の人命が犠牲になるとは誰も予想だにしていなかった。

ただ、まったく大地震の前兆がなかったかといえば、そうではなかった。かつて明治天皇の崩御にともない大正四年の十一月十日に大正天皇の即位式が行われた。この翌日の深夜に東京はかなり強い地震によって大地が揺れた。余震だけでも一日の間に三十五回もあり尋常な状態ではなかった。このときに祝賀ムードに湧き立つなかで、これが大地震の前触れではないかと心配する声が上がった。十三日にも強震があり、東京では即位の大礼を祝う浮き立った空気はかき消され、市民はきたるべき大地震に怯えていた。新聞もまた、大地震発生をさかんに警告した。それが、八年後に現実のものとなってしまったのである。

まったく情報が遮断したなかで、さすがに皇后も不安を覚えていた九月三日、女官の一人が庭で叫んだ。

「あっ、飛行機が」

轟音を響かせながら上空を旋回していた飛行機は、邸内に通信筒を落とした。侍従が急いで拾って開けてみると、摂政宮の安泰が報告されていた。それでは、こちらも両陛下の無事を知らせなければと思い、庭で大きな日の丸の旗が打ち振られた。

まだテレビもラジオもない時代であり、新聞は地震によって発行が不可能になっていた。だから、こんな方法でしか、皇后が摂政宮の安否を確認する手立てがなかったのである。

やがて一週間ほどたつと、東京をはじめ関東各地の被害が甚大であった報告がもたらされた。葉山の御用邸も全壊に近い有様だった。日光に滞在して「本当に不幸中の幸いだった」と皇后はしみじみ思ったのだった。

牧野宮内大臣はこのとき日光にいたが九月二日にはもう東京へ戻っている。汽車がなんとか日暮里《にっぽり》まで動いたようだ。そこから谷中《やなか》を経て宮内省へ向かう途中で迎えの自動車に出会えて、登省した。

「往来戦地の如し。惨状益々加はり筆紙に尽すべきに非ず。実際目撃者に非ざれば想像も及ばず。帝都は山手を除くの外全滅と云ふも過言にあらず」

といった状態で摂政宮も天幕の中で生活していた。ただし弟宮たちは、たまたまお見舞いのために日光に滞在中だった。

とにかく一日も早く天皇が宮城に帰還することが、国民を安心させる方法だと皇后は考えた。しかし、天皇の病状は一進一退を繰り返しており、なかなか移動は難しい。せめて自分だけでも帰京しようと皇后は決心した。

未曾有の大祝典

皇后が日光を発ち、まだ混乱の続く東京へ向かったのは九月二十九日だった。天皇は、田母沢の東宮御用邸に残った。

その日、皇后の服装は夏の白い洋服に帽子だった。もはや秋も近づくので、「お召しかえをなさいましては」と女官が進言したが、皇后は首を縦に振らなかった。東京では、まだ多くの被災者が着のみ着のままでいるのだから、自分もしばらくはこのままでいたいといって譲らなかったのである。

その頃には、すでに皇后の耳にも東京の惨状は届いていた。とても自分だけが秋の装いをする気分にはなれなかったのだろう。

皇后を乗せた列車は上野駅に着いた。その駅も焼けてバラック建てだった。皇后はまっすぐ宮城へは帰らず、被災者の慰問に駆けつけた。上野自治館内の被災者収容所から宮内省巡回病院、三井慈善病院を見舞った。

そこには皇后としての堅い決意があったのがわかる。天皇が被災者の慰問に回りたくとも、思うに任せない病状である。こんなときこそ、自分が率先して国民を力づけなければならない。

それが国母陛下と呼ばれる自分の役目である。

このとき皇后はまだ三十九歳の若さだった。しかし皇室における自分の立場をじゅうぶんに承知して、全力で国難に立ち向かおうとしていた。

休む暇もなく翌日には陸軍第一病院、慶應病院、青山病院を、そして十月二日には伝染研究所、済生会病院、帝大付属病院などを慰問した。被災者には、声をかけて励ますので、感激して泣き出す者もいた。

関東大震災の被害がいかに甚大であったかは、ここであらためて記す必要もないだろう。だが、とくにその中でも惨かったのが、本所《ほんじょ》の被服廠《ひふくしょう》跡で起きた悲劇だった。二万四百三十坪の広大な敷地は、やがて運動公園が建設される予定で、空地となっていた。そこにどっと殺到した避難民を業火が襲い、実に三万八千人もの市民が生きながら焼かれた。これは大震災のときの東京市の死者の、半数以上にのぼる人数だった。皇后は東京市長に案内されて、隅田川を越え被服廠跡を訪れると、じっと長い時間黙禱を捧げ、犠牲者の冥福を祈った。

また、上野公園や日比谷公園にも足を運び、家を失いテントで暮らす人々の間をゆっくりと縫うように歩き、優しく声をかけて慰めた。

もちろん、皇太子も何もしていなかったわけではない。九月十五日と十八日の二回にわたって市内の惨状を視察している。あまりの被害の大きさに衝撃を受けた皇太子は十六日には次のような言葉を発した。

「今回稀有の大地震大火につき、予は親しく帝都並に近県の災害の実状を見聞し、傷心倍々《ますます》深し。就ては今秋挙行すべかりし予の結婚式は、此の際之を行ふに忍びず。宜しく延期すべし」

とても結婚式など挙行できる心境ではなかったのだろう。これを受けて、牧野宮内大臣は十八日に節子皇后に拝謁して、意見を尋ねた。皇后もまったく異存がないと答え賛成している。いつもはあまり積極的に発言しない皇太子が、そこまで言うのは「細心御用意の結果」だろうと牧野は拝察した。

十一月五日、皇后は横浜の災害地を見舞った。もはや肌寒い気候となっていたが、皇后は相変わらず、日光を出るときに着ていた白い夏服だった。ついに十二月十九日に沼津へ行くまで、ずっと同じ服装で通したのだった。毛皮の襟巻きを女官が用意していると、それはいらないと断り、うっすらと目に涙を浮かべた。それほど皇后は国民の苦しみを自分のものと考え、分かち合おうと思っていた。

そんな皇后の憂いをさらに深くする事件が起きたのは暮れも押し詰まった十二月二十七日のことだった。

帝国会議の開院式に臨もうとしていた皇太子のお召自動車が、テロリストによってステッキ銃で狙われたのである。世にいう虎ノ門事件だった。難波大助という二十五歳の青年が、摂政宮を暗殺するべく弾丸を放ち、その弾丸はお召自動車の窓を射抜いた。

皇太子の身には危害は加えられなかったが、社会に与えた衝撃は大きかった。牧野宮内大臣も日記に「本日の出来事記するに忍びず」と書き、最近はこんな事件まで起きるようになったのかと嘆いている。

実際、「近来思想の推移益々甚しく」という状況であり、帝政を打倒したロシア革命の影響や、日本における共産主義者や無政府主義者の台頭が、前途に暗い不安を投げかけていた。だからこそ、牧野は「前途実に憂慮限りなき」と感じたのである。

この事件が象徴していたのは、日本の社会が無条件に皇室を受け入れる時代が完全に終わったということである。その意味するところは、皇室がそのあり方を模索しなければならない時代の始まりだったともいえる。

明けて大正十三年一月二十六日、皇太子と久邇宮良子女王の結婚式が挙げられた。この年、良子女王は三月六日で二十一歳になる。当時は女性の結婚は早く、同級生のほとんどが、もう嫁いでいた。それだけに、久邇宮家としては、なんとか二十歳のうちに結婚させて欲しいと思い、一月に挙式の運びとなった。しかし、披露宴は五月三十一日と六月二日の二回にわたって、行われた。その理由は、大震災や虎ノ門事件があり、豪華な宴を開く準備が整わなかったのである。

一月の結婚式の当日はとくに節子皇后の質素を旨とするようにという指示があったため、宮城から赤坂離宮までのパレードも、絢爛たる馬車などにはせず、普通の自動車ですませた。警備はひときわ厳重だった。沿道には数百人の兵士と数千人の警官の垣根がつくられた。

当時の駐日イギリス大使館員が本省に送った報告にも皇太子の結婚式はいたって簡素に行われたが、五月末の披露宴は、宮城に各国大使が招待され華やかに催された。東京の街は歓びにあふれ、美しいイルミネーションが飾られたと記されている。

実際、未曾有の大祝典だったらしい。四回にわたって催行された饗会の最後の日である六月四日には、牧野宮内大臣が皇后について次のように記述している。

「陛下の不相換の御心遣ひ、側近に席を辱《かたじけな》くしたる重臣の夫人への一々思遣りある御言葉賜はり、何れも感激限りなき難有味《ありがたみ》に打たれたる様見受けたり」

周辺の者たちに気を遣い、夫人たちにも声をかけ、皇后が見事に饗宴を仕切っていた様子が目に浮かぶようである。

天皇は出席できなかったらしく、牧野の日記は皇后陛下と両殿下にしか言及していない。五日には皇后はわざわざ牧野を御召しになり、多年にわたってひとかたならぬ心労を掛けたが、すべて滞りなく終わったからといって、慰労の品々を渡している。「従来の微忠御認め戴き感激の至りなり」と書く、牧野の目には、皇后はきわめて賢く、行き届いた女性と映ったことだろう。

それは外国人の目にもわかったようだ。前出のイギリス大使館員の報告書には、おそらくは披露宴の感想を記した次のような文章がある。

「彼らは、ぎこちないといって悪ければ、引っ込み思案で、遠慮がちという印象を与えます。これは皇后の威厳と自信に満ちた物腰とは、まさに強烈なコントラストといえます。」

彼らとは皇太子と良子妃のことを指している。皇太子は二十三歳、良子妃は二十一歳の若いカップルだった。

皇后は二人のために和歌を詠んで祝福をした。


もろともに千代を契りてさかえなむ春のみ山の桃のふたもと

皇后の役割

皇室において、自分の立場や役割を良く理解していた節子皇后は、とかく不安な世相の中で、しっかりと地に足がついたような活動を幾つか続けていた。

明治四年に昭憲皇太后が宮中で養蚕を始めた。これは、資源の乏しい日本で、絹製品が大切な輸出品だったからである。日本を象徴するような美しい生糸を生産する養蚕に、昭憲皇太后は情熱を傾けた。それは皇室こそが、率先して国民に範を垂れ、大事な産業の保護と奨励に努めなければならないという強い義務感からだった。

その姿勢は節子皇后にも引き継がれた。第一次世界大戦が終わり、日本の輸出産業はめざましい躍進を遂げた。輸出品の花形は、なんといっても他国に真似ができない美しい絹製品だった。当時、製糸工場には三百万人の女工が働いていたといわれる。

わが国のとみのもとなるこがひわざいよいよはげめひなもみやこも　（節子皇后）

大正二年には、宮城の紅葉山に養蚕所を新築した。一階が飼育室で二階が上蔟《じようぞく》室になっている。そして旧本丸跡に三千坪の桑畑も作られていた。
そこでは専任の技師の他に各県の養蚕学校から選抜された学生が、十人も作業にあたってい
た。年間三十石から五十石の収穫があったという。
皇后はよほど養蚕が気に入っていたらしく、時間があれば、養蚕所へ自ら出向き、世話をし
た。それは皇室の伝統を守るという強い使命感に裏打ちされた行動であるのと同時に、蚕とい
う生命あるものへの限りない愛情の表明でもあった。
天皇の病状が次第に悪化し、葉山での静養に同行する機会が多くなっても、宮城へ戻るたび
に、いそいそと養蚕室へ駆けつけた。そこで蚕が桑を食べている賑やかな音を聞くと、さも嬉
しそうに「おまえたち、わたくしの帰るのを待っていてくれたのね」と話しかけた。
のちに高松宮妃が、そんな節子皇后の様子を回想している。
「大宮さまが養蚕にご熱心でいらっしゃったことは、天下周知の事実ですが、ほんとに心から
蚕そのものを愛していらっしゃったようでした。
あの乳白色の幼虫を、掌の上にお這わせになって、やさしいお声で『おこさん、おこさん』
と、お目を細めていられました。いかにもこの小さな虫が、かわいくてたまらないというご表
情でした。
はじめのあいだ、私はあの幼虫を見ただけで、体の中がムズムズするほどきらいでしたが、

大宮さまが飼育していられるのを拝見しているうちに、それほどきらいではなくなりました。今ではあの幼虫に頰ずりしても平気です。知らず知らずのうちに、大宮さまに教育され、感化されたものと思います」（『貞明皇后』主婦の友社）

大宮さまとは、後に皇太后となってからの節子皇后の呼び名である。

とにかく外国の雑誌の記事でも、蚕に関するものだったら翻訳させて目を通すほどの熱意だった。もちろん、生来の生真面目さや、趣味としての楽しみもあったろう。しかし、この背景としては、大正末期の社会主義勢力の台頭があったのと無関係ではなかった。各地で労働組合が結成され、大正十四年には細井和喜蔵《わきぞう》の『女工哀史』が刊行されている。これは製糸工場で働く女工たちの悲惨な実態を描いた内容だった。こうした声が世情にあることを皇后が知らないはずはなかった。だからこそいっそう、自分が率先して養蚕に励む姿を国民に示したいと思ったのではないだろうか。

養蚕とともに皇后がこころを尽したのはハンセン病患者の救済だった。

大正十年頃のことだが、天皇、皇后が揃って、沼津の御用邸へ出掛けた。汽車が御殿場あたりへ差しかかったとき、皇后が御供の者に「フランス人が癩患者の世話をしているのは、どのへんですか」と尋ねた（早川卓郎編『貞明皇后』）。

以前、静岡県の知事が御用邸に伺候した際に、御殿場にフランス人の宣教師、レゼー神父が作ったハンセン病の患者の病院（神山復生病院《かみやまふくせい》）があるのだが、第一次世界大戦のために本国からの送金が途絶えて、神父が非常に困っているという話をしたのを思い出したのだった。

それから間もなく、病院に皇后より慰問の品が届けられた。また大正十三年には金一封と縞の着物の反物が患者全員に贈られた。わざわざ裏地まで添えられていた。

この病院は東海道線沿いに建っていた。患者たちは皇后がなにくれとなく気遣いをしてくれるのに感激し、陛下のお召列車だけでも拝したいと希望した。しかし、まだハンセン病に対する偏見が、現代とは比べものにならないほど根強くあった時代だったので、当局がこれを許さなかった。

ところが、なにかのはずみで、その希望が皇后の耳に入ると、「遠慮はいらない」とすぐに快諾してくれた。

そこで、当日、軽症の患者、三十人が職員と共に、定められた位置に並んで、沼津からの列車を待った。目印に日の丸の旗を立てた。

やがてお召し列車が近づいてきた。中央の車体に菊の御紋章がきらきらと輝いているのが見えた。思わず頭を垂れた患者たちは、ふと上目遣いに見上げると、車窓が大きく開けられ、皇后が起立して顔を傾けて答礼していたのだった。

患者も職員たちも、感激の涙にくれた。その一人である明石海人《あかしかいじん》が、節子皇后の姿に、奈良時代、悲田院を設置し自ら患者の手当てをしたと伝えられる光明《こうみょう》皇后の面影を見出した和歌を詠んでいる。

そのかみの悲田施薬《ひでんせやく》のおん后いまを坐すがにをろがみ奉《まつ》る

それほど節子皇后が神々しく見えたのであろう。

なぜ、皇后がこれほどハンセン病の患者の救済に熱心だったかというと、それは幼い日の記憶にある。のちに秩父宮が記した手記によると、皇后がまだ九条家にいた頃のことである。華族女学院へ通う道筋の途中にある商店に美しい娘がいた。なぜか、いつまでたっても娘は店番をしていて、嫁に行かない。それが界隈でも噂になっていたのだが、やがてその娘がハンセン病であることがわかった。感じやすい年頃だった節子皇后は、いつまでも、その娘の姿が忘れられなかった。

おそらくは、この世の不条理に初めて節子皇后が気づいた瞬間だったかもしれない。だからこそ、なんとか、社会の歪《ひず》みを少しでも是正したいと、懸命の努力をしていた。しかし、いつでも問われれば、「昭憲皇太后さまの御遺志を継いだだけです」とのみ奥ゆかしく答えた。

慈善事業は志だけではできないことを節子皇后はよく承知していた。大正十一年頃よりとくに政府が申し入れることはしなかったにもかかわらず、緊縮政策が叫ばれているのを新聞などで知り、皇后は宮中でも奥向きの経費を節約するように命じた。

それによってできた貯えは昭和五年には、百万円に達した。なにしろ千円で家が一軒建てられた時代であるから莫大な金額だった。その貯蓄を資金として、ハンセン病患者に毎年、御賜金を贈った。また、救済事業をしている人々への顕彰も行った。

こうした節子皇后の慈善事業や養蚕への特別な思い入れは、皇室こそが、政治家や実業家の手が届かない社会の暗部に光を照らす存在でありたいという堅い信念に根ざしていた。

九条武子夫人

ときの宮内大臣だった牧野伸顕は大正十三年四月九日の日記に不思議な言葉を書き残している。

「御縁故深き貴爵の家々に不始末の続発するは実に歎息の次第なり」

これは節子皇后に縁の深い華族や皇族のあいだに、次々と続いて「不始末」が起きたのを牧野が嘆いているのである。

では、その背景にはなにがあったのだろうか。この前後の牧野の日記に目を通すと、皇后の実家である九条家の道実公爵が、「はなはだ好ましからざる相手」と縁組をしようとしていたのがわかる。道実は節子皇后の異母兄にあたる人物で、明治二年に九条家の長男として生まれている。

したがって、縁談が晩年の道実の身に起きたものなのかどうかは判然としない。いずれにせよ、どのような方法を使ったかは不明だが、この縁談は相手の女性を養女にするという不思議な決着の仕方をとった。正式に妻として入籍するよりは、そのほうが、まだ世間体が良いと考えたからだろう。そのために牧野は何度か九条道実と会って、「再考反省をうながし置きたる」

が、「実に不用意の出来事続々発生し心痛の至りなり」とある。

よほどこの縁談の相手は不釣合いな女性だったようだ。節子皇后もこころを痛めていたのは、牧野をわざわざ呼んで礼を述べているところからもわかる。

牧野の日記によると、そもそもこの縁談には皇后は反対だったのだが、こころならずも承諾を与えてしまい、気になっていた。その後、牧野が意見をして、養女にするように変更させた。それで皇后もやっと安堵した。

「大臣が能くも踏張つて呉れられたりと実に難有思ひたり、此にて兎に角九条の名は表面に出でざる事になり、自分も此処に居りて安心も出来、全く御蔭なり云々、恐懼限りなき御言葉を拝して感激したり」

この牧野の描写からは、不始末をなんとか防いでくれた牧野の骨折りに対して、節子皇后が深く感謝している様子が伝わってくる。

それほど皇后が神経質になっていた理由は二つあった。

一つは、ちょうど同じ時期に、まだ結婚して間もない良子皇太子妃の実家で、あるスキャンダルが持ち上がっていたのである。それは良子妃の兄にあたる久邇宮朝融《あさあきら》王が酒井伯爵令嬢、菊子姫との婚約を破棄しようとしたためだった。簡単にいってしまえば、朝融王が一度は来世までもと契った菊子姫と結婚するのが、嫌になってしまったのである。一般の家庭ならかまわないのだが、皇太子妃の実家となるとそうもいかない。

そもそも山県有朋が、色覚異常の件を持ち出して良子女王の縁談を辞退せよと迫ったときに、「それは倫理にもとる」といって断固拒否したのは久邇宮邦彦王だった。その邦彦王が、長男の縁談を自分から反故《ほご》にするというのは、いかにも身勝手な振る舞いだとマスコミの非難を浴びたのである。

日本という国は「皇室の尊厳御高徳の旺盛に依つて統一を保つ」と思っている牧野としては、ただ困惑するのみだった。

結局は酒井家が婚約を辞退することで、なんとか収まったが、世間の注目を集めたのは事実であり社会的影響も大きかった。

そういう意味では大正九年頃に節子皇后も苦い経験をしている。

それは節子皇后の異母弟である良致《よしむね》についてだった。良致は明治十九年生まれなので、節子皇后より二歳年下である。母親は浄貞院と呼ばれる側室だった。

その良致が妻を迎えたのは明治四十二年九月十五日だった。相手は西本願寺の次女、武子《たけこ》である。のちに歌人として有名になり、また柳原白蓮《やなぎはらびやくれん》、江木欣々《えぎきんきん》とともに大正三美人と称された女性でもある。

何冊か出版されている九条武子の伝記によると、良致はまだ学習院の中等科に在学していた頃に、一条家に養子に出された。一条家は明治天皇の后だった昭憲皇太后の実家である。その一条家には経子《つねこ》姫という女の子しかいなかったので、ゆくゆくは良致が経子姫と結婚して一条家を継ぐ予定だった。ところが、経子姫は若い婚約者を気に入らず、良致は九条家に戻されてしまった。そこで分家をして男爵となった。

九条家にしてみれば、皇太子妃の弟である良致が、いわば傷物にされたわけであるから、面白いはずはなかった。なんとか良縁を得て、一条家を見返してやりたいと思っていたところに、日本でも有数の資産家である大谷家の姫との縁談が持ち上がった。九条家にとっては願ってもない花嫁だった。

武子も兄嫁が九条家出身ということもあって、親の勧めるままに縁談を承諾した。ところが、この結婚は初めから、何かがうまくいかなかった。絶世の美女と誰もが認める武子に対して、良致はこころを開くことができなかった。

しかも、良致は、結婚した年の十二月からイギリスのケンブリッジ大学に留学が決まっていた。有り余る財力にまかせて、大谷家では二十二世法主である大谷光瑞《こうずい》と妻の籌子《かずこ》も、良致に同行することになっていた。光瑞夫人は節子皇后の姉にあたる女性だった。もちろん、当時は皇太子妃だった皇后も弟の留学を喜び、しっかり勉強してくるようにという言葉をかけている。

新婚の妻を伴って良致は明治四十二年十二月にロンドンへと旅立った。先に出発してインドに立ち寄っていた光瑞夫妻とロンドンで合流し、二組の夫婦は地中海の旅などを楽しむ予定だったが、良致が頑なに拒否し、冷え冷えとした新生活が始まった。そして間もなく、良致の希望で二人は別居する。

傷心のまま武子は光瑞夫妻と翌年、日本へ帰った。良致はまだ三年間、天文学の勉強をするといっていた。

別れの宴でも、良致は、むっつりと押し黙って酒を飲むだけだった。長身闊達で美男の光瑞に比べると、小柄で色黒の良致は見劣りした。妻の武子が美しいだけに、余計に不釣合いなカップルに見えた。それでも武子がのちに歌人として名を成し、数々の歌を発表しなかったら、夫婦の不仲は内輪の人間だけにしか知られなかっただろう。

行きずりの人よりも尚冷やかにひとみかえしてもののたまわず

とは、武子が良致の態度を詰《なじ》った歌だった。現在に至るも、なぜ良致が武子を気に入らなかったのか、その真相は不明だ。性格の不一致だろうと武子の伝記には書かれている。

いずれにせよ、これ以後、良致は十一年間も単身でロンドンに留まることになる。そして、その間に、よからぬ噂が日本で流れた。良致がイギリス女性との間に二人の子供までもうけているというものだった。歌集『金鈴』を出版し、それがベストセラーとなった武子のもとを新聞記者が訪れ、良致のインタビュー記事を見せる。ロンドン特派員の質問に答えて良致は「ぼくと武子は赤の他人です」といい切っていた。

これが新聞に載り、世間の同情は武子に集まった。しかし、良致が節子皇后の弟であるだけに、簡単には離婚もできず、大正九年十二月、良致は帰国した。そのときの新聞には「愛を割いて愛に帰る。九条良致男の帰朝」という見出しが踊った。節子皇后がどんなにか辛い気持ちで、弟の挙動を見守っていたかは想像に余りある。

横浜に武子が良致を迎えに出て、とりあえず世間の好奇の眼はかわしたが、夫婦の不仲はその後も続いたという。

天皇の体調が思わしくないときに、皇室のためにはなんとしてでもスキャンダルだけは避けたいというのが、この時期の節子皇后の本音だったろう。

秩父宮のお妃選び

月日のたつのは早いものである。満十五歳の若さで入内した節子皇后も大正十四年の五月十日には、銀婚式を迎えた。

四人の親王に恵まれてはいたが、節子皇后は相変わらず、内外の諸問題にこころを煩わせることが多かった。

まずは天皇の健康状態だった。銀婚式のお祝いは大饗宴が催され、摂政宮をはじめ、各皇族、妃殿下方など二百五十人が参列し、近来にないおめでたい席となった。しかし、主役であるはずの天皇は臨場できず、したがって皇后も同席しなかった。

天皇はもはや大勢の人々に会える状態ではなかったからである。それでも、この日、二重橋の前には数万人の市民が集まり宮城を仰ぎ見て両陛下の銀婚式を祝った。

この時期、皇后のこころを占めていた大きな問題は皇太子妃についてだった。皇太子の結婚は紆余曲折があったものの、この前年に無事に挙式が終わり、良子妃の懐妊のニュースが四月十五日に流れている。

しかし、節子皇后にとっては、まったく気に入らないことばかり続いたのである。

前から予想していた通り、良子妃の実家である久邇宮家が何かと口を出してきた。

皇太子夫妻が新婚旅行で福島の翁島へ行ったときには、久邇宮夫妻と良子妃の妹がそこに駆けつけて来た。いちおう皇太子も気を遣って新婚旅行の行き帰りには、日光に滞在中の両陛下のところにご機嫌伺いに立ち寄ってはいる。それでも、良子妃の新婚旅行先に親や妹が押しかけて来るのは、いささか非常識であり、節子皇后は面白くなかった。

また、結婚した直後にも何の前触れもなく、久邇宮夫妻は娘の新居である赤坂離宮を訪れていた。つまり、何かといえば、すぐに娘のもとに立ち寄るのである。

しかし、良子妃はもはや久邇宮家の女王ではなく皇太子の妃殿下である。そのへんをわきまえてくれなければ困ると皇后は思っていた。

あるとき、良子妃が中山侯爵に羽二重を下賜《かし》することになった。ところが中山侯爵が、白羽二重ではあまり使い道がないので、もっと役に立つ袴地かなにかにして頂きたいと申し出た。良子妃はそれももっともだと思い、そのように取り計らった。

ところが御所の事務方より厳しい注意がその後にあった。なにかを下賜するときには実用性などは考えてはいけない。下々でもすぐに手に入る袴地では有難味が少ない。御下賜の品は使えないでとっておくところに意義があるのだという。

その話を良子妃から聞いた久邇宮の俔子妃は「皇后さまはよく気のつかれるお方であらっし

ゃいますから」という感想を洩らしている。(小山いと子著『皇后さま』)

暗に事務方の意向は皇后の意向だといいたかったのだろう。これだけ読むと、いかにも節子皇后が意地悪な姑のようにも受け取れる。しかし、皇后の本意はもう少し別のところにあった。

結婚する前は、ほとんど顔を合わせたこともなかった皇太子夫妻は、いざ生活を始めてみると、たちまち恋におちいった。いつも二人で人目を憚ることもなく赤坂離宮の庭を手を繋いで散歩をしていた。

節子皇后が入内した際は、嘉仁皇太子は、ひたすらに仰ぎ見る対象だった。夫婦としての睦まじい時間は二人だけのときであり、それ以外の場面では、常に皇后は一歩引いたところから、畏れ敬う態度を崩さなかった。

ところが、良子妃は、皇太子の寵愛を一身に受け、のびのびと人目も気にせず、恋人同士のように仲良く暮らしている。そのへんが節子皇后には納得のいかないところだった。皇太子はやがて天皇となり現人神《あらひとがみ》となる。それを片時も忘れないで欲しいというのが皇后の希望だった。

しかし、いつの時代も若者と年配者の意識の齟齬《そご》は起きるものだ。そんな皇后の危惧などにはおかまいなく、皇太子はどんどん二人の生活の改革を進めた。その最も大きなものが女官制度だった。それまでの住み込み制や源氏名を廃止した上に、衣裳も洋装に改めさせた。そのため、皇后付きの女官たちが、「あれではカフェの女給さんだわ」と陰口をきいた。そして良子妃の態度も「お上に対してあんまりなれなれしい」と非難した。

聡明な皇后は直接に、若夫婦とぶつかるような真似はけっしてしなかった。だが、こころの底では、苛立ちを募らせていた。そうなると関心はどうしても皇太子のすぐ下の弟宮である秩父宮に向けられた。

節子皇后が秩父宮に特別に強い愛情を寄せていたと書く文献は多い。その理由は、皇太子がもはや自分の思う通りにはならなくなったので、秩父宮に期待をかけたからだったという説もある。

秩父宮の英国留学が決まったのは大正十四年の一月だった。これより前に皇太子が半年にわたる外遊をした。このとき皇后は強く反対したが、結果的には外遊により皇太子は人間的にも見事に成長して視野も広がった。そのため、宮中では秩父宮も英国留学をして見聞を広めてはどうかという声があがった。

皇后は皇太子のときほどは反対をしなかったが、しかし、その前になんとか秩父宮の縁談だけは纏めておきたいと考えていた。

秩父宮の留学期間は二年間。随員は元英国大使の林権助《はやしごんすけ》や外務省の欧米課長・武者小路公共《むしやのこうじきんとも》ら十人だった。

武者小路は秩父宮が英国で自由な空気に触れて、青い目のガールフレンドでもできたらどうしようかと心配した。加藤高明首相もその点を危惧した。しかし、それに対して外相の幣原喜《しではらき》重郎《じゅうろう》が次のように答えたという。

「大丈夫ですよ。宮さんは恐ろしく国粋主義者で、ヨーロッパの爛熟した文明などには相当な反抗心をもっておられますよ」

そこで武者小路がいった。

「聖ヨハネが、あまりにも近寄りがたいために美姫サロメに熱愛された前例だってありますよ」

すると加藤首相が「では、武者君。サロメ防衛を君に訓令することにしよう」と命じた（保阪正康著『秩父宮と昭和天皇』）。

これはあながち冗談とばかりはいいきれず、東久邇宮稔彦《なるひこ》王なども留学をしたままなかなか日本に帰国せず、関係者は頭を悩ませていた。

しかし、節子皇后は、この点では、実は早々と手を打っていた。牧野伸顕の日記には、大正十三年七月四日、皇后が女子学習院を参観したと記されている。「華宮様、甘露寺、伊達、岩倉、松平各令嬢の勉強振りを視る」とだけ短く書かれているが、この五人の令嬢の中に秩父宮のお妃候補がいた。

それが松平恒雄の長女節子《せつこ》（のちに勢津子《せつこ》と改名）だった。もっともこのときはまだ下見であり、決定されていたわけではない。閑院宮《かんいんのみや》の姫なども候補に挙がっており、「人選に付き種々の障碍《しょうがい》あり。為めに余程御心遣いの御様子なり」と牧野は八月十八日に皇后に拝謁した後に書いている。

とにかく摂政宮に継ぐ地位にあり国民の期待も高いので、軽々しくは決められないと牧野は皇后に話していた。

それが具体的な動きを見せるのは、大正十四年の一月二十二日である。皇后が牧野を召して、秩父宮の結婚に関しては山川健次郎男爵に内々に話を聞くようにと頼んでいる。

これは候補者が松平節子に絞られたことを意味している。山川健次郎は会津藩出身であり、節子の父、松平恒雄も同郷で、二人は親しかった。したがって、恒雄の令嬢について調査をするのなら山川が適任と皇后は考えたのだった。だが、この縁談には、ある大きな問題が控えていたのだった。

実際、それは意外な人選だったといえる。なぜなら、秩父宮妃の候補に選ばれた松平節子は、父親が会津藩出身だったのである。しかも華族ではなく、平民の娘だった。会津藩は、かつて朝敵と呼ばれた歴史を背負っている。そこの藩主が松平家だった。

当時の皇室典範では、皇族が妃を迎える場合は同じ皇族か華族でなければならないという規則があった。それだけ考えても、この縁談がいかに難しいものであったかがわかる。

それでも皇后は松平節子を強く望んだ。その理由は一体なんだったのだろう。もちろん、節子皇后が書き残した手記があるわけではないので推測するしかない。考えられることは、皇太子妃が久邇宮家の女王だったという点だ。家柄からいえば九条家よりも上になる。そのために節子皇后が何度か不快な思いをしていたとしたら、次男である秩父宮には全く異なる家柄の令嬢を望んだとしても不思議はない。

とにかく、大正十四年三月二十九日には山川健次郎が松平家へ行き、節子に面会をした結果を牧野伸顕に告げている。「品は悪しからず、容貌は並以上、色白く穏和の性質と見受けたり」とある。

こうして水面下では着々と妃殿下選びが進められていたわけだが、それと同時に天皇の容態もますます悪化の一途を辿っていた。

第三章◎国民のおばばさま

天皇の病勢報道

大正十四年十二月六日、節子《さだこ》皇后には初孫にあたる照宮成子《てるのみやしげこ》内親王が誕生した。その喜びも束の間、十日後には天皇がトイレで倒れるという事態になった。田中伸尚著『大正天皇の「大葬」』によると、このとき天皇の脈拍は一時的に止まったが、人工呼吸などでなんとか回復したという。浣腸をしようとして脳貧血を起こしたのだった。

これ以後、天皇は三十七度の熱を出す日が何日も続き、三十九度の高熱も出した。「天皇の身体はこれを境にめっきり衰えたようであった」と田中は書く。

ただし、当時、もっとも天皇の体調を心配していた侍従武官の四竈孝輔《しかまこうすけ》の日記には、なぜか病状に関する描写はなく、十二月十八日には宮城に参内し、両陛下に拝謁したと記されている。したがって、ほんとうに具合が悪くなったのは、もう少しあとなのかもしれない。

皇后は看病に没頭した。そのために足が浮腫《むく》んで立っていられないときもあった。休憩室で横になり、ほっと深いため息を洩らしたが、すぐにまた、看護のために天皇の傍に付き添った。

ちょうどこの頃に皇太子と良子《ながこ》妃が見舞いに訪れた。天皇の熱が高かったときだった。皇后は氷柱の上に置いて冷やしてあるタオルを絞っては、天皇の額にあてる動作を繰り返していた。

こんなことも看護婦に任せず、自分の手でしていたのである。

若い皇太子夫妻は見舞いの言葉を述べたのち、病室の椅子に座って黙っていた。良子妃は手持ちぶさたな様子で、じっとしている。

そのときだった。皇后が「おしぼり」と良子妃に向かって鋭い声を発した。おそらくは、ただぼんやりと座っている皇太子妃の気のきかなさに、皇后が立腹したのだろう。いきなり言われた良子妃はびっくりして、大慌てで立ち上がり、白い皮手袋をしたままで、氷柱の上のタオルを絞った。そのため妃殿下の手袋はびしょびしょに濡れてしまった。女官が急いで、別室へ連れて行き、手袋を脱がせた。

一事が万事のんびりと、おおらかな良子妃に、勝気で神経の細かい皇后は苛立つことが多々あった。だからときには、二人はぶつかった。なればこそ、秩父宮の妃は、自分がこころから気に入った娘にしたいと皇后は思ったのではないだろうか。

翌年の五月に、天皇はまたしても脳貧血で倒れた。その夏は葉山の御用邸で過ごすことになる。そして、九月に天皇は三回目の脳貧血で体調を崩す。

宮内省が久しぶりに天皇が風邪気味であると発表したのは十一月三日だった。だが、実は天皇の病状はそれほど楽観的ではなかった。十一月十一日には、風邪に気管支炎を併発し、高熱が続き食欲もないことが国民に知らされた。それでも、まだ、一般の人々は天皇がひどく衰弱していたとは思っていなかった。

新聞各紙が葉山にいる天皇の病状を連日のように報じるようになるのは十二月に入ってからである。当然ながら宮内省では緊張した空気が流れた。前年の五月からイギリスに留学していた秩父宮も急遽帰国の途についた。それは間もなくくるはずである、父陛下との別れを予期しての行動だった。

十二月二日の牧野伸顕の日記には、そんな天皇と宮中の様子が綴られている。

それによると、十一月下旬より、天皇の「御機嫌」があまり良くなく、九月に葉山へ行ってからは、もっぱら静養に努めてきたが平熱に戻らず、長患いが続いた結果、身体も衰弱してしまった。内臓の機能も鈍くなり栄養も十分には摂れないので、「容易ならぬ御形行と恐懼の至りなり」とある。

ついては万一の場合に備えて諸般の取調べや準備が始められ、政府や宮内省の当局者たちの相談が進んでいると記されている。

この慌しい雰囲気が国民に伝わらないはずはなかった。新聞には、連日、大きな活字で天皇の病状が刻一刻と報じられた。それは日本中を巻き込む騒ぎとなった。

作家の永井荷風は十二月十四日付けの日記で、次のように書いている。

「夜銀座に往くに号外売頻《しきり》に街上を走るを見る。聖上崩御の時近きを報じるものなるべし」

慌しい光景を見ながら荷風は思うところがあった。それは、報道があまりにも「精細を極む」ことについてだった。毎日の食べ物から「排泄物の如何」まで書いて、「毫も憚る所なし」といった状態だった。これは明治天皇の崩御の際に始まったのだと荷風は嘆いている。明治天皇は尿毒症で亡くなった。その際に顔色が紫黒色に変じたことまで報じられた。これによって「我国古来の伝説はこの時全く破棄せられしものなり」と荷風は憤る。

そもそも天皇は、日本においては神の如く尊崇されている。それが尿毒症に冒されて亡くなるといった事実を公表するのは、「君主に対する詩的妄想の美徳を傷ること甚しきもの」だと怒っているのである。

「今の世において我国天子の崩御を国民に知らしめるに当つて、飲食糞尿の如何を公表するの必要ありや。車夫下女の輩号外を購ひ来つて喋々喃々、天子の病状を口にするに至つては冒瀆の罪これより大なるはなし」

荷風はおそらく、作家としての感性で、国民がいささか興味本位に天皇の病状を話しているのを察し、嘆息していたのではないだろうか。天皇とは尊い存在なのだから、あまり肉体的な面に触れて欲しくないと思った気持ちはよく理解できる。しかし、荷風がいくら怒っても、新聞は相変わらず、報道合戦を繰り広げた。猪瀬直樹著の『天皇の影法師』によれば、「容態報道は、各社の腕の見せどころで、部数拡張競争の一大決戦場という趣き」だったという。だから、東京日日新聞（現在の毎日新聞）だけでも三十人の記者が葉山に送られていた。合計すると二百人以上の記者やカメラマンが小さな町に押しかけて来た。

十二月十六日になると「最早人事も及ばざる感あり」と牧野伸顕は書き、天皇の枕頭に、各皇族方、国務大臣、同礼遇者、元帥らが駆けつけた。天皇の寝台の右側には皇后、皇太子、良子妃、澄宮《すみのみや》（のちの三笠宮《みかさのみや》）が立っていた。皇后の疲労は極限まで達していたはずだが、けっして取り乱した様子は見せなかった。

「むしろ、いよいよ透徹せる理知と、いやが上にも普遍化する温情と、ますます繁雑となる事態に対する快刀乱麻を断つ御判断などを持っていられた」と侍医の一人は、後に回想している。

刻々と近づいてくる、その日までの記録を侍医頭の入澤達吉が「大正天皇御臨終記」と題して、のちに雑誌の『文藝春秋』に発表した。当時は報道規制も厳しく、情報は管理されていたので、この入澤の証言は、新聞記事などよりも真実に近いと推測できる。

さて、その入澤の日記は大正十五年の一月九日から始まっている。この日、初めて天皇は「日本風の御寝具」から寝台つまりベッドに寝るようになった。おそらく、そのほうが医師たちが診察や治療をするのに便利だったのではないだろうか。

二月十九日には、大学より借りた移動性レントゲンで胸部を写し、「心臓の拡大著明なり」とある。

六月十八日、天皇を「拝診」した入澤に皇后が金三百円と白絽一匹を贈っている。こうした気遣いは十二月十六日、いよいよ天皇の病状が悪化した際にも示された。「皇后宮より金七百五十円および反物を賜る」との記述がある。もはや危篤状態で入澤は夜を徹して午前四時まで、天皇の病室に詰めていた。それは皇后も同じだったが、そんな場合でも侍医頭に付け届けを忘れないところが、いかにも節子皇后らしいといえる。

「東京および葉山は大混雑なりと、臨時汽車が東京より出でたりと」などと書かれているので、それこそどっと見舞いの賓客たちが、葉山に向かったのだろう。

翌日は天皇の脈拍が弱ってきたことが記され、二十二日には「聖上今日熱八度五分まで昇る、呼吸脈ともにやや多し」という状態となり、翌二十三日には「皇后宮下腿に少しく浮腫を拝したるため拝診す」との記述がある。常に天皇の枕頭に立ち続けていた節子皇后の足が腫れてしまったからだった。

そしていよいよ十二月二十四日には「御容態面白からず」となり午後一時半には非常召集の準備がなされ、「元老、大官、宮様方みな参集」という事態になった。

皇太后になった瞬間

このへんで、当時の新聞の記事から、この時期の節子皇后の心境を推し測ってみたい。

東京朝日新聞は、連日、一面に天皇関連の記事を載せている。十二月十二日には、いよいよ秩父宮がロンドンを出発したと報じている。スペインへの旅行を中止しての帰国だった。同じ十二日の紙面には、「畏《おそれ》多《おお》き皇后宮の御心願」という見出しで、節子皇后の近況が伝えられている。

それによると皇后はこのところ、ずっと庭の散策なども控え、あらゆる行事を取りやめ、朝から夜遅くまで天皇の傍らを離れず、自ら女官を指揮しているとある。また、食事も精進料理しか口にしていなかったが、それさえもついには、食べなくなってしまったという。

この記事を読んだからだろうか、高松宮《たかまつのみや》が見舞いに訪れ、食事を摂るように母宮に何度も勧めた。それは、まるで叱るように強い言葉だった。そこで皇后もしぶしぶ箸を取ったが、高松宮が退出してしまうと、もう力なく箸をお膳の上に置いた。

十二月十五日付けの朝日新聞では、さらに皇后の看護ぶりの続報がある。

「拝するだに畏多き　皇后宮の御心盡《づく》し」という見出しで皇后が十二月の四日以来、入浴もせずに、ひたすら看護に努めていると報じている。そして高松宮、明治天皇の四内親王、澄宮（のちの三笠宮）などが葉山に詰めていることも記事になっている。

二日後の十七日は早朝から宮城前に市民が押し寄せ、正座して天皇の御快癒を祈っている写真が掲載された。放送局は演芸の放送を中止し、「聖上の御容態は刻々に　発表に従つて速報」といった見出しも見える。

実際、日本国民のほとんどが、悲愴な思いで、この時期を過ごしていた。横浜では二人の少女が凍てつく寒さの真夜中に、聖上の全快を祈って神社で水垢離《みずごり》をしていることがニュースになった。両親さえも知らなかった「涙ぐましい少女の真心」と少女たちの写真入りで新聞は報じた。

十二月十九日付けの新聞では、「刻々御危篤」という大見出しが一面にあり、食塩水を注腸したことに触れ、天皇の体温、脈拍、呼吸数などが詳細に伝えられている。

その記事のすぐ下には「拝聞するだに涙こぼるゝ皇后陛下の御心づくし」昼夜をわかたず、天皇の枕頭にあって、眉一本の動きも見逃すまいと、じっと病人の顔を見つめている様子に、お付の者は思わず涙を誘われたとある。しかし「その御かひも見えず」という非情な言葉が見出しの最後にはある。

まさに寝食を忘れて看護にあたる皇后の胸のうちは、ただただ天皇の回復を願って、奇跡が起きるのを祈っていたのだろう。また、天皇が病気で苦しんでいるのに、自分だけが楽はできないという使命感もあった。周囲の人々に勧められて、つかの間、身体を休めても、「こんなことをしていてはお上に申し訳ない」といって、すぐに起き上がり天皇の傍へ行った。

恐ろしいほどの覚悟で看病を続け、気力で、なんとか起き上がっていられる状態だった。

そんな中でも、見舞いの人は誰を病室に通すかといった指図はすべて皇后がした。かつて天皇の教育主任だった八十四歳の老人が十二月十九日に葉山に駆けつけると、他の皇族たちですら、拝謁はかなわず別室に控えているのに、皇后は、その老人だけには、入室の許可を与えた。天皇が日頃から、幼い自分を可愛がってくれた老人を慕っていることをよく知っていたからだった。

いよいよ天皇の容態が抜き差しならぬ様相を見せるのは十二月二十三日だった。この前日までの朝日新聞は、天皇の病状が重篤なのを伝えながらも、「御全快の上は御病室を公開」などという呑気な記事も載せている。いかに皇室が質素な暮らしをしているかを知らせるために病室を公開するのが「万民への実物教訓に」なるというわけである。

実は天皇が臥せっていた葉山の御用邸は関東大震災で非常な被害を受けたので、付属邸のほうで療養していた。それはいたって質素な建物だったので、このような記事が出たのだろう。ただし、改築工事は急ピッチで進められていて、間もなく完成する予定だった。そうなれば、もちろん、天皇はそちらへ移る手筈になっていた。

ところが、十二月二十三日には号外が発行される事態となった。その第一号は「御容態御急変か」とあり、同日の第二号では「御心臓再び御衰弱」との見出しだ。

そして十二月二十四日の号外は四回にわたって発行された。まず、「今朝の御容体漸次御不良に拝す」とあって、第二号では「聖上陛下御容体御険悪に向はせ給ふ」、その次は「聖上陛下御容体益々御危険」となると、かなり危機的なのがわかる。そして第四号に至っては「聖上陛下御容体全く御絶望」という見出しで熱は四十度以上となり「御脈正確に算し難し」と続く。もはや、誰の目にも、天皇の死が間近なのは明らかだった。宮内省が発表する容態の報告は二十四日の午後からは二時間おきと短くなっていた。それに符合するように号外の回数も増えたのである。

この日の夕暮れから葉山は突然季節はずれの稲妻が光り、雷鳴が轟いたと思ったら、屋根瓦も砕けんばかりの集中豪雨に見舞われた。いつもは穏やかな葉山の海も、高波が岸壁を襲った。女官たちは、この嵐が不吉な前兆と感じられ、顔色を変えて恐れおののいたが、その間も皇后は天皇の枕もとに端座して微動だにしなかった。

侍医の入澤達吉によれば、夜半になると、「予は聖上のお脈を左の手にて握り、右手にて毎時間発表の文案を起草するにいたる」とあり、翌日二十五日の午前一時には体温が四十一度にまで上昇した。

そして午前一時二十五分、心音が止み、呼吸が止まった。入澤はただちに十分間遡った時間を記して危険の発表をした。この場合の危険とは危篤という意味である。

それから、皇后に「御締切《コトキレ》のことを言上」した。四十七歳という若さで天皇は遠い黄泉《よみ》路に旅立ってしまったのである。残された皇后もまだ四十二歳だった。

十二月二十五日の号外一号は午前一時十五分の発表となっている。そして午前一時二十五分に崩御あらせらると、午前二時四十分に宮内省より発表された。興味深いのはこの次の号外はすでに昭和元年十二月二十五日となっているところである。その日のうちに元号は昭和に改められた。

おそらく節子皇后の疲労は極限に達していたはずである。それでも、ただ嘆き悲しんでばかりはいられなかった。夕刻からの悪天候が吹雪に変わった真夜中、正確にいうと、天皇崩御から二時間後に、摂政宮が践祚《せんそ》し、第百二十四代の天皇となる儀式が行われた。皇位は一日も空しゅうすべからずという決まりがあるためだった。

この儀式が終わったのち、裕仁天皇は父宮の遺体を拝んだ。そして皇太后となった母宮に挨拶をしようとした。すると節子皇太后は立ち上がり、挨拶の位置を変えて天皇の下座につこうとした。裕仁天皇は手を差し伸べて、それを押しとめたが、皇太后はどうしても下座につこうとする。そんな動作をお互いに何回も繰り返すので、天皇はなかなか挨拶ができない。

この様子を見ていた女官の一人が、ついに耐え切れずに涙を流すと、その場にいた他の女官や侍従たちが一斉に泣き出してしまった。

「お上」

と、皇太后は、ついさきほどまで大正天皇に呼びかけていた称号で、自分の息子に話しかけた。

「お心を鎮めてお聞き下さいますように。私は皇太后です。今からはお上が上位におつきにならなければなりません。その次が皇后であらっしゃいます。どうかご身分の正しい順序を私の悲しみと混同あそばしませんように」

それは優しく慈愛に満ちた言葉だった。裕仁天皇は目にいっぱいの涙をたたえていた。皇太后は自ら裕仁《ひろひと》天皇の手を取って上座につかせ、次に良子皇后を行かせると、自分は端然と下座に座り、挨拶を受けた。

まさに歴代のなかでも最も聡明な皇后のひとりといわれた節子皇后が皇太后になった瞬間だった。

「その進退のあざやかさは、ほんとうにお見事というほかはありませんでした」とは、この場に同席していた東久邇宮聡子《としこ》妃の回想である。

これ以外にも、侍医や侍従たちに、皇太后がいちいち丁寧にねぎらいの言葉をかけた様子が記録に残されている。彼らはいずれも「只々恐懼《きようくお》措く所を知らず」と書き、感動している。自分がどれほど悲しくても、常に皇后あるいは皇太后としての地位の重さを知り、周囲の人々への気遣いを忘れなかった。

大正天皇の大喪は昭和二年二月七、八日に行われた。猪瀬直樹著『天皇の影法師』によると、当時は京都から八瀬童子《やせどうじ》と呼ばれる人々が棺を載せた巨大なお神輿に似た葱華輦《そうかれん》を運ぶために呼び寄せられた。

その八瀬童子の一人がのちにこう回想している。

「お棺を葱華輦からおろして台車でゴロゴロッと転がしながら霊柩車のなかに押し込むんですわ。そんときに、ふっとふり返るとすぐ近くに皇太后さんがおられた。……白いハンケチで目頭押さえて躯震《からだ》わして泣いてはった。声は出してはおらんかったけどな。皇太后陛下でも泣くんやなあ、やっぱり同じ人間なんやなあ、と思ったのをよく覚えとります」

皇太后の悲しみは深かった。

皇太后の熱意

イギリスで留学生活を満喫していた秩父宮が天皇の病状の悪化を知り、急遽帰国の途についたことは、すでに述べた。今ならば飛行機で十二時間もあれば日本に帰れるのだが、当時は大西洋を渡り、アメリカ大陸を横断し、太平洋を横切っての長旅だった。

十二月十二日にロンドンを出発した秩父宮がアメリカのワシントンに到着したのは十二月二十九日だった。この四日前に天皇は崩御していた。そのため、ワシントンにある日本大使館は弔旗がひっそりと掲げられ、松平恒雄大使は、各国代表の弔問を受けていた。

館員もその家族たちも、皆が喪章をつけて、悲しみに沈むなかでの秩父宮の到着だった。当然ながら大使館は悲痛とともに、慌しい雰囲気に包まれた。

そのときの様子を松平恒雄の長女である節子《せつこ》（のちの秩父宮妃）が『銀のボンボニエール』という自著の中で詳しく綴っている。

実は節子皇后は、秩父宮妃として大正十四年には、すでに松平家の令嬢に白羽の矢を立てていた。当時、宮内大臣だった牧野伸顕の日記によると、この年の一月には、もう節子皇后がそれほど急ぐ必要はないものの、内定だけは早くしておきたいと語っている。

しかし、皇后が密かに娘の身辺を調査し、会津藩出身の山川健次郎枢密顧問官を呼んで内々に話を聞いていたことなど、松平家では、まったく予想もしていなかったようだ。

少なくとも、長女の節子は、ただ無邪気にアメリカ生活を楽しみ、勉学にも励んでいた。そこに現れたのが、帰国途中の秩父宮だった。のちに、二人は大使館で出会って、恋に落ちたと書く本もあるが、これは本人がはっきりと否定している。

話を先取りするようだが、松平節子は婚約が決まったあと、自分の名前が読み方は違うものの節子皇太后と同じ漢字なのは畏れ多いと考え、勢津子と改名している。

節子が秩父宮に会ったのは、このときが初めてではなかった。大正十四年の二月に、父親の松平恒雄が駐米特命全権大使としてアメリカへ赴任する前に、皇后よりお召しがあり、一家で御所へ参内した。『銀のボンボニエール』には次のようにある。

「この日、母はアフタヌーン、私と正子はお振り袖だったと思います。皇后さまはお優しいご微笑を浮かべられて、私どもの振り袖姿をお褒めくださるのでした。そして、『信子は大使夫人だから髪形などもあちら風にしなくてはならないだろうが、節子は、髪などちぢらせないようにと仰せられました」

正子とは節子の妹である。信子は母親で、以前から皇后の御用掛として仕えていた。したがって、皇后は松平一家には特別の信頼を寄せており、信子の人柄にも好意を持っていた。

「初めて拝顔した殿下は、キラリと光るお眼鏡と、お背の高い立派なご体格が強く印象に残ったように思います」と節子は述べている。

これが皇后にとっては二人を引き合わせる見合いのようなものだったのだろう。ただし、節子はそのことに全く気づいていなかった。

水面下で、深く縁談は進められていた。もちろん、秩父宮と一歳しか年が違わない皇太子の耳にも、この話は伝わっていた。

牧野伸顕の日記によると、皇太子は「身分に懸隔《かけへだて》ある時は当人余程難儀せずや」と心配していたという。これは明らかに、節子が平民の娘であり、しかも会津藩の出身であることを指していた。

だが、皇后にしてみれば、節子が会津藩の娘だからこそ執着したのではなかっただろうか。もはや時代も変わり、戊辰《ぼしん》戦争の怨念を、流し去る時期が到来している。いや、そうしなければいけないと思ったのだ。

アメリカに到着した秩父宮はまず、ニューヨークで松平恒雄の出迎えを受けた。このときは在留邦人三百人が一目秩父宮を見ようと港に集まった。

秩父宮は今までは天皇の第二皇子だったが、今は新しい天皇の第一直宮《じきみや》となっていた。それだけ身分が高くなっていたのである。

「お迎え申し上げる大使館としては、緊張の度がいっそう高まったわけなのです」ということで、松平一家は一番いいベッドルームのある二階を全部空けて秩父宮と随行員の宿舎とした。ニューヨークのホテルプラザで一泊した秩父宮は、翌日二十九日にワシントン中央停車場に到着した。ケロッグ国務長官がアメリカを代表して出迎えをした。

大使公邸ではお茶とお寿司とお汁粉が用意されていた。節子はお給仕のために控えていた。ここで初めて二人は会話を交わした。

学校のことを尋ねられた節子は「英語がわからなくて、大変でございましたが、いい学校でございますので、ただいまはわりあい楽しんで勉強いたしております」と至って真面目な返答をしている。このとき、節子の秩父宮に対する印象が変わった。「ロンドンでの一年六か月にわたるご留学のせいでしょうか、普通の若者のように親しみやすい感じの方でした」と自著に書いている。

松平家では、皇太后の意向に気づいていたのかどうか、実際のところはわからない。山川健次郎が間に立って動いていたのだから、なんらかの予感はもっていたとしても不思議ではない。しかし節子の文章はそれを否定する。

この翌年、昭和二年の十月に突然、樺山愛輔《かばやまあいすけ》伯爵がワシントンを訪れるという連絡が入った。「両親がそのことを外務省からの電報で知ったときは、すでに日本をお発ちになっており、父にもご用向きの見当はついていないようでした」とある。

樺山伯爵は海軍中尉で貴族議員でもあった。娘の正子は節子と親友だった。余談だが、樺山正子はのちに白洲次郎と結婚して、白洲正子となる。

樺山伯爵は大使館に着いた夜、節子の両親と夜遅くまで、何やら真剣に話し合っていた。翌日もその談合は夜半にまで及んだ。何か重苦しい空気が大使館内に漂っていた。そして三日目に樺山伯爵は帰って行った。

ところが、その樺山伯爵は日本に帰着して間もなく再びワシントンを訪ねたのである。浮かぬ表情で大使館に現れた樺山伯爵は、やはり夜遅くまで、節子の両親と話し合っている。

そして翌朝、節子は樺山伯爵に呼ばれて、一室で二人だけで向かい合った。

このときにようやく節子は樺山伯爵が皇太后の「お心を拝してのご使者」だったことを知る。その役目とは松平節子を秩父宮妃とするため、両親および本人を説得して、必ず応諾させることだった。

第一回の説得は失敗に終わっていた。

「皇位継承権第一位のお方であられる秩父宮殿下の妃となる方は、それだけの格と器がなくてはならないが、ごく普通の娘として育った娘節子には、その地位を全うする力がない。しかも、現在の松平恒雄の身分は平民であり、そのうえ、節子の祖父は維新のとき、官軍にいかなる事情があったにせよ、朝敵の汚名を受けた身、その孫が天皇さまの直宮妃になるなどあってはならぬこと。どうか会津の立場もお汲みとりいただきたい」というのが松平恒雄の返事だった。信子もまた、「節子は平凡でいわば野育ちの不出来な娘で、宮中で務まるような教育は何一つしておりません」とひたすら辞退した。

皇太后の御用掛として宮中に上がっていた信子の言葉だけに、重みがあった。

あきらめて帰国した樺山伯爵から、その報告を聞いた皇太后は非常に不満だった。「では、別の使者を立てよう」とまでいわれ、再びアメリカに取って返したのだった。

この皇太后の熱意に、まず節子の両親がこころを動かされた。「直宮妃の資格がない娘を持つ親としてご辞退申し上げたのは礼儀だが、それほどまでにご執心のお心に背いてこれ以上お断りすれば、こんどは礼儀に背くことになる」というのが結論だった。

実際、樺山伯爵も必死で、もしよい返事を得られなかったら、再びこの洋上を渡って日本の土を踏むことはないと船の上で覚悟していたという。それほど強い皇太后からの思し召しだったのである。

突然の縁談に驚き、「何故、私が」と泣きじゃくる節子を樺山伯爵は説得に努めたが、節子は首を縦に振らない。そのとき、節子に幼少の頃から仕えていた、たかという老女が節子を説得することになった。皇太后が二度も樺山伯爵を差し遣わせたのだから、これはもう受けるしかないのだとたかはいったが、節子は反論した。

自分が宮家に上がればきょうだいや両親も今までのように自由に伸び伸びと暮らすことができなくなる。難しい立場になるのだという節子に、たかはぽろぽろと大粒の涙をこぼしながら答えた。「皆さま、会津魂をお持ちでございます」。

この一言で節子のこころの中には何か強い力がすっくと立ち上がった。「皇太后さまのご意志をお受けしよう」という決心がついたのである。「会津」の二字が、垂れ込めていた黒い雲の間から光が差し込むように自分の行くべき道を照らしていたと節子は回想している。

彼女の持つこの気概こそ、実は皇太后がずっと前に見抜いて、ぜひとも秩父宮の妃にと固く思わせたものではなかったろうか。

節子は会津魂を内に秘めた娘だった。だからこそ、皇太后は彼女が気に入っていた。そして、戊辰戦争という近代日本の不幸な歴史に終止符を打つために、この結婚をどうしても決めたかった。それは皇太后が女性にしては珍しく、物事を大局的に見る能力を備えていたことを物語っている。

嫁教育

強い意思で次男である秩父宮のお妃選びを推し進め、婚約にまでこぎつけた節子皇太后だったが、そうした実務的な一面とは違った、優しく女性らしい素顔も持っていた。

それは、亡き大正天皇を追慕する思いだった。

昭和二年の二月に皇太后は宮中から青山東御所に移った。おそらくは、二月七日に行われた大正天皇大喪儀の後だったと思われる。慌ただしい引越ではあったが、皇后の地位にいない以上、もはや宮城に留まるわけにはいかなかった。

新しく皇太后のために御殿が造営されたのは昭和五年五月だった。独り身となった皇太后は自分の希望通りの住居を作った。

それは純日本風の建築だった。もともと皇太后の実家の九条家は東京の屋敷も和式であり、とかく西洋の文化を取り入れ豪奢な洋館を建てる傾向にあった華族のなかで、珍しく、いつまでも京都の伝統を守る生活をしていた。

そういう家で育った節子皇太后だったので、洋風はあまり好みではなかった。

この新しい御殿を建てるにあたって、皇太后は希望を出した。自分の部屋はいくらでも狭くてもかまわないから、朝夕、多摩御陵の先帝に向かって御拝できるような拝殿を設けてほしいというものだった。

思えば皇太后はまだ四十五歳の若さだった。これから先の長い年月を考えたとき、亡き先帝をこころの拠り所として生きていける場所が欲しかった気持ちはよく理解できる。

また、皇太后のこころの中で、天皇はさらにしっかりとした輪郭を持ち始めたのではないだろうか。

大正十三年の歌会始に次のような歌を詠んでいた。


あら玉の年のはじめにちかふかな神ながらなる道をふまむと

この歌を詠んだ皇太后の気持ちを、筧素彦《かけいもとひこ》は自著『今上陛下と母宮貞明皇后』の中で、解説している。筧素彦は終戦後の昭和二十一年から、皇太后の側近として仕えた人物である。その父は皇太后に神道の講義をした筧克彦《かつひこ》博士だった。

「このように社会福祉にお力を注がれる一方、大正末葉以来、わが国体の根幹、日本民族の理想信仰として、肇国以来伝わっている神ながらの道を御究明になり、これを御自身遵守なさると共に、広く伝えることについて極めて御熱心であったことも決して忘れてはならないことである。」

興味深いのは、大正天皇の体力が低下し衰弱が始まったころから、皇太后が神道に傾倒していったことだった。

自分の立場を誰よりも良く理解していた皇太后は、このとき日本という国を束ねていくためには、神道の思想が必要だと悟ったのだろう。だからこそ、自ら率先して神道を勉強しその道を「ふまむ」と決心した。

大正天皇の崩御により皇太后の決意はさらに強いものになっていった。まだ若い天皇と皇后の後ろ盾として皇太后の仕事は数多く残されていた。これで宮廷の任務が終わるわけではなかった。

今までは皇后として、いわば天皇の代わりに采配を振るう場面が多かった。しかしこれからは、陰に控えていて、大切な決断をする機会が増えるだろう。そんな皇太后にしてみれば、どうしても、天皇が亡くなったこころの空洞を埋める、何かたしかな存在が欲しかった。

それが先帝を拝することができる御殿ではなかったろうか。皇太后の希望にこたえて、別棟に拝殿と御影殿《みえでん》が造営された。

新しい御所は大宮御殿と呼ばれた。皇太后は人々から「大宮さま」と呼ばれるようになっていた。

さて、その御影殿だが、そこには皇太后宮大夫の子爵入江為守《いりえためもり》が描いた在りし日の大正天皇を謹写した肖像画が納められた。入江大夫は風雅の道に優れ、歌も詠むが、大和絵も堪能だった。代々歌学をもって朝廷に仕えた京都冷泉家の出で、息子の相政はのちに昭和天皇の侍従となり、数々の著作を残したことで有名である。

皇太后は毎日、必ず大正天皇の肖像画（それはお御影《みえ》さまと呼ばれた）の前に額《ぬか》ずき、恭しく礼拝をした。そこはコンクリートの床で、風が吹きさらしだったが、座布団も敷かずに、畳の部分に端座してまずは、四方の神々に遥拝した。

それからお御影さまの前で季節の果物、あるいは野菜、お菓子、その他の珍しい献上物を供えた。まだインクの香がする新聞も供えて、自分の気になった世界の出来事や、国家の大事件などを、あたかも天皇が生きているかのように、こと細かに語って報告した。

最後にはどうか先帝の御霊が国家を御護りくださるようにと深い祈りを捧げた。

それはどんなに暑い日も、寒い日も欠かすことなく続けられた。ある冬の朝、御所の庭には白い霜が降りていたが、皇太后は亡き先帝に祈りを捧げ、一所懸命に話しかけていた。いつしか時を忘れるほど、祈りの時間は長くなっていた。お付きの女官たちは、皇太后の両手がすっかりかじかんで紫色に変わるのを見て、こころを打たれた。

それほど天皇は皇太后にとって大切な人であり、ある意味ではその崩御を認めるのを皇太后は頑なに拒否していた。天皇として尊敬し崇拝する気持ちは人後におちなかったが、その一方で一人の女性として、愛する夫を失った悲しみもまた、一般の庶民と同じように深く強いものがあったのだ。

そんな日々に明るい彩りを添えてくれたのは、楽しみにしていた秩父宮の結婚だった。

婚約者の松平節子が両親と共にアメリカから帰国したのは昭和三年の六月二十二日だった。帰国した当日に、もう皇太后よりお使いがあり、「旅の疲れもあるだろうから、明日一日休んで明後日、信子と一緒に参殿するように」といわれたと、節子は『銀のボンボニエール』の中で書いている。

のちの秩父宮妃の回想によれば、「当日、大宮御所へお伺いいたし、皇太后さまに三年ぶりに拝謁させていただきましたが、宮中での心得や躾を自らお教えくださるとのこと、『これからは毎日来るように』とのお言葉を賜りました」とあって、皇太后が大変な意気込みだったのが伝わってくる。

その理由はふたつあった。

ひとつは結婚の日が三か月後に迫っていたのである。普通は結婚が決まってから、挙式の日までは一年以上の日にちがあり、その間にお妃教育が行われる。皇太子の場合などは複雑な事情があったにせよ良子妃は五年の歳月を自宅でお妃教育を受けて過ごした。

節子の母方の伯母は梨本宮《なしもとのみや》伊都子《いつこ》妃だったが、彼女のときも婚約から結婚までは三年間もあったので、十分な仕度ができた。

では、なぜ皇太后は秩父宮の結婚をそんなに急いだのだろうか。想像できるのは、秩父宮にはふたたび英国に留学する考えがあり、それを引き止めたかったからということである。

高松宮の日記にも、「お兄様」に会ったところ、「再びオックスフォードに行らつしやる御つもりにて英国でも今でも、そう考へてゐるが、さて帰ると御母宮様の御心中を思ふと出発する気が、弛む。理性と感情との衝突が非常に苦しいと仰つしやる」という記述が昭和二年の一月末にある。

なんとか秩父宮の再渡航を阻止したかった皇太后が、この結婚を急いで決めたとしても不思議ではなかった。

そして自ら教育しようと思い立ったふたつ目の理由は、皇太子妃にあった。良子妃は久邇宮家の出身で皇太后より身分の高い家から入内《じゆだい》した。それだけに、皇太后の中には遠慮のような気持ちもあった。また、良子《ながこ》妃の実家が何かにつけて、宮中に参内《さんだい》し口を出す場面も多かった。もともと、この結婚にはあまり気乗りしていなかった皇太后は、良子妃のおっとりとした性格に、しばしば苛立ちを覚えたのである。

さらに、皇太子は結婚してから、今までの女官制度を改革した。その数を減らし自宅や官舎から通勤させるようにした。また着物に袴や袿袴《けいこ》を着るのをやめて、洋装にさせた。それを見た古くからいる女官は、まるでカフェの女給さんのようだと悪口をいった。伝統を重んじる皇太后は皇太子の改革を面白くない気持ちで見ていただろう。そして、それは妃殿下の影響があるからだと思っていた。

だからこそ秩父宮の妃は自分の手でしっかりと教育したいという気持ちが次第に強まっていったようだ。節子は当時を次のように回想している。

「まず、歩き方のお稽古から始まりました。妃殿下は姿勢が第一なのです。また、宮中の儀式はローブ・デ・コルテ、ローブ・モンタントなど、裾の長い絹の洋服ですが、歩くとき裾から靴が見えるようでは失礼になるのでした。このほか、優雅な身のこなし方、古式礼服の着付けや作法など。また、じっと立っている侍立のときは、長時間に及ぶ場合でも微動だにしてはならないのです」

まことに厳しい仕来りの数々があった。

「何もかも、できるようになれるわけではありませんが、なるべくたびたびお伺いしてお教えいただき、その時々のお言葉を一つずつ真剣に身につけるように心がけました。そうは言いましても、なかなか思うようにできなくて、人知れず涙したことも何度かございました」

そんな節子を皇太后は実の娘のように可愛いいと感じていた。

銀のボンボニエール

秩父宮の婚儀にあたっての皇太后の意気込みは凄かった。皇太子妃のときは婚約時代に皇太后から腕輪が贈られていた。ところが松平節子の場合は豪華なネックレスだった。

いよいよ婚儀の日は着用の装束の着付けから髪をおすべらかしに結う手配まですべて、皇太后が入内したとき以来宮中に奉仕している七十歳の夫人が世話をした。「皇太后さまお直々のご下命」だったという。

この年の九月十七日、松平節子は勢津子と名前を変えた。読み方は違うものの、皇太后と同じ名前では畏れ多いという理由からだった。伊勢の勢に会津の津をとった。これも実は、入江皇太后宮大夫が幾つか候補を挙げ、皇太后が自ら最終選定をした。

昭和三年九月二十八日の婚儀の日を、皇太后は深い感慨を持って迎えたはずだ。秩父宮は二十六歳、勢津子妃は十九歳の若いカップルだった。

長い婚礼の儀式が終ると、二人は大宮御所の皇太后のところに挨拶に行った。

「謁見所にてお待ち申し上げるうち、入江皇太后宮大夫と女官長を従えてお出ましになった皇太后さまは、殿下と、そのかたわらに今こそ妃として控える私を、こもごもご慈愛のこもったおまなざしでご覧になりながら、お祝いのお言葉を賜るのでした」と『銀のボンボニエール』にはあるが、自分が見初めた花嫁を慈しみを込めて見つめる皇太后の姿が目に浮かぶようだ。

世の人のこぞりて祝うまごころをむなしくなせそ二もとの松

婚儀に際して皇太后が詠んだ歌だった。秩父宮のお印が若松だったことにちなんで詠んだものと思われる。

その翌日、二人は皇太后に御礼の参殿をした。このとき皇太后はひどく喜んで、なるべくたびたび来るように、それも和服を着て来るようにと勢津子妃にいった。

今でこそ宮中で和服を着用することは稀ではなく、美智子皇后も外国からの賓客がみえたときなどに和服でお出迎えをすることがある。

しかし、戦前は表向きは洋服に限られていた。ヨーロッパ旅行から帰国した裕仁《ひろひと》天皇（当時皇太子）が、女官たちの衣装まで洋装にしたいと考えるようになり、実際自分が家庭を持つと、すべて洋式の生活に切り替えた。

それに対して、皇太后はかねがね不満を感じていた。といって、いくら自分の実の息子であったとしても、天皇に異を唱えることはできなかった。また、良子皇后の実家との確執があるため、どうも皇后とも距離を置いた関係になっていた。

まるでその埋め合わせをするかのように、次男の嫁である勢津子妃に、皇太后は親近感を表した。それは勢津子妃も感じていたようだ。

勢津子妃は結婚後、しばしば夜になると和服を着て、御所の正面から正式にではなく、まるでお忍びのようにお庭続きのところから秩父宮と二人で皇太后を訪ねた。宮中では和服は「影の品」だったので、たとえ紋付といえども内輪のお祝いにしか着なかった。そのため婚礼の支度にも、それほど多く用意したわけではなかったが、大宮御所を訪ねるたびに違う和服を着るようにこころがけた。

「皇太后さまはお子さまが皇子さま方ばかりでいらっしゃったため、若い私の和服や持ち物の色彩や立ち居が、お心にもお目にも優しく楽しくお感じになりますようで、それは宮さまも同じでいらしたかもしれません。皇太后さまがお引き止めになるまま、十一時過ぎるころにおいとましたことも、何度かございました」（『銀のボンボニエール』）

そもそも勢津子妃が平成三年になって、自身の生涯を振り返って記した『銀のボンボニエール』という本のタイトルそのものにも、皇太后への深い思いがこめられていた。

ボンボニエールとはボンボン入れのことであり、皇室ではお祝い事があったときの記念品や引き出物として使うのが慣例になっている。デザインはそのたびに違うが、中には金平糖が入っている。

勢津子妃が皇太后から銀のボンボニエールを贈られたのは、アメリカから帰国して初めて参殿したときだった。

皇太后が自分でデザインしたというボンボニエールが秩父宮と勢津子妃に手渡された。全長は六センチくらいで、珍しい鼓の形をしていた。締め紐はローズピンク、胴の部分は秩父宮のお印の若松の模様と星の模様がいくつも浮き彫りにされている。ローズ色は英国の国の色であり、星は星条旗、つまりアメリカを意味していた。

英国で勉強した秩父宮とアメリカで学んだ勢津子妃が、それぞれ縁のある英国とアメリカとの親善に尽くすようにという希望が託されていた。

まさかこのとき、皇太后はやがて日本がこの二つの国を相手に戦争をする時代が来ようとは夢にも思っていなかった。

「鼓という古風な形でありながら、六十年後のいま拝見しましても、とてもモダンな感じなのです。（中略）手にとって拝見するたびに、失礼な申し上げ方ながら、皇太后さまのなみなみならぬアイディアとセンスにつくづく感心せずにはいられません」と書く勢津子妃がいかに皇太后を尊敬していたかは、自著のタイトルにしているところからもうかがえる。

勢津子妃の皇太后に対する賞賛はさらに次のように続いている。いささか長いのだが、大切な内容なので引用してみたい。
「このボンボニエールに込められている深いおぼしめしからもわかりますように、皇太后さまは、絶えず対外的に日本がどうなっていくか、どうあるべきかをお心におかれ、国際的な視野で外国の事情や文化をご勉強あそばしていたようでございます。特に英国その他のローヤルティというものが、どういう生活であるかということにご関心がおありのようでした。一度も海外にお出かけあそばしたこともなく、テレビもないような情報源の少ない時代に、あらゆる分野にご精通になっていらして、フランスのファッションにもお詳しくて、大したお方であられたと今なお思うばかりでございます。私など、よそゆきのものは全部、生地もデザインもお見立てで、宮内省を通じてお届けいただきました。お子さまが親王さまばかりなので、お楽しみでもあったのかもしれません。皇后さまは、今はご自分に代わる国母陛下であられるお方ですから、お気軽に呼び寄せてお話しをしたりということがおできになりません。そのためか宮さまと私はたびたびお招きを受けたものでした」

実に素直に勢津子妃は皇太后を慕っていた。ところが、これがやがてとんでもない問題へと発展してしまったのである。

もちろん、その責任は勢津子妃にも皇太后にもなかった。ただ、いくつかの運命の巡り合わせだったのである。

当時、世間の関心事は良子皇后に、いつ親王が誕生するかにあった。大正天皇が崩御する前に生まれた最初の子は女の子だった。そして昭和二年九月にもふたたび内親王が誕生した。久宮祐子《ひさのみやさちこ》と名付けられた赤ちゃんは翌年の三月、敗血症により亡くなった。良子皇后の落胆は大きかった。昭和四年九月、第三子が生まれたがまたしても女の赤ちゃんで、孝宮和子《たかのみやかずこ》と名付けられた。たて続けに内親王ばかり三人生まれたことになる。

この頃から宮中では良子皇后はいわゆる「女腹」ではないかと密かに囁かれるようになった。なんとかお世継ぎの親王をという声は国民の間でも日増しに強くなってきた。

そんな期待は昭和六年三月七日、良子皇后が第四子を出産することで、またも裏切られた。生まれたのは女の子で順宮厚子《よりのみやあつこ》と名付けられた。

これで四人も女の子が生れたのである。当然ながら宮中で、皇室の将来を危惧する声が上がった。天皇を継ぐのは、なんとしても皇子でなければならない。そのため側室制度の復活も検討されたが、これは天皇が拒否した。

次に真剣に討議されたのは皇室典範を改正して養子の制度を認めるというものだった。『牧野伸顕日記』によると昭和六年三月二十六日には、宮内省がその点を討議していたとの記述がある。天皇もその可能性を模索していたようだ。

そんな緊張した状態が続く中で、昭和八年九月十二日、駐日アメリカ大使のグルーが本省に一本の電報を打っている。

「噂によると、もしも皇后に皇子が誕生しない場合、天皇は退位して弟の秩父宮に譲位するだろうといわれている」

この情報の出処として、グルーは当時の外務省の情報部長だった白鳥敏夫の名前を述べている。

ということは、宮中のみならず、かなり広範に天皇の退位説が浮上していたのだろう。なぜ、このような噂が流れたのか。その背後には皇太后の意思が働いていたのではないかと、今になると思えるのである。

秩父宮は天皇とは一歳しか年齢が違わなかった。その性格は明朗闊達で、スポーツを好み、国民の間では「若き日本の象徴」「我が宮様」といった感じで圧倒的な人気があった。どちらかというと学者肌で、やや無器用な印象を与える天皇に比べると華やかさにあふれていた。

そして、なんといっても勢津子妃は皇太后のお気に入りだった。勢津子妃が皇后になってくれたらという思いが皇太后の胸をよぎったとしても不思議ではない。

しかし、いくら皇太后が快活で愛嬌がある秩父宮と、手塩にかけてお妃教育をした勢津子妃に特別な愛情を寄せていたとしても、天皇を退位させて弟宮を帝位につけるのは不可能だった。賢い皇太后にも打つ手はなかった。

第三皇子の結婚

貞明皇后を慕ったのは、秩父宮妃だけではなかった。昭和五年二月四日には、第三皇子である高松宮《たかまつのみや》宣仁《のぶひと》親王が結婚している。

この結婚にもやはりかなり複雑な背景があった。妃として迎えられたのは、徳川慶久《よしひさ》公爵の次女、喜久子《きくこ》姫だった。あの、徳川幕府十五代将軍である徳川慶喜《よしのぶ》の孫にあたる。

喜久子姫は明治四十四年生まれだ。慶喜は大正二年まで生きたので、幼い喜久子姫が祖父の膝に抱かれた写真が残されている。

その喜久子姫が高松宮と結婚することが決まったのは、わずか二歳のときだったと、本人が自著『菊と葵のものがたり』の中で語っている。そして「私たちの結婚は貞明皇后様がお決めになったような気がする」と、はっきり述べている。

喜久子姫が二歳のときといえば、大正二年である。明治大帝が崩御してから、まだ日も浅く、若い節子皇后は懸命に病弱な天皇を補佐していた時期である。

宣仁親王は九歳だった。この年の七月六日、天皇の勅命により、有栖川宮《ありすがわのみや》初代好仁《よしひと》親王の宮号である高松宮の称号を名乗るようになった。成人する前に宮号を賜るのは異例だが、それには事情があった。

有栖川宮威仁《たけひと》親王には子供がなく、肺結核で重体だった。そこで、宮家が途絶えるのを心配した天皇が特別の配慮をしたという。この勅令が降りて間もなく威仁親王は五十二歳で薨去《こうきょ》した。しかし、立派な跡継ぎができ祭祀《さいし》の継承がなされると知っていたので、こころ安らかに旅立っただろう。

このとき威仁親王の次女である実枝子女王が徳川慶久のところに嫁いでいたため、喜久子を高松宮の妃にという話が浮上したという。それは亡き威仁親王の遺志だったとする文献もある。たしかに、徳川家と有栖川宮家はもともと縁が深い。徳川慶喜の母も有栖川宮織仁《おりひと》親王の姫だった。

喜久子妃の実母である実枝子女王も有栖川宮熾仁《たるひと》親王の取り持ちで、徳川家に嫁入りした。これには慶喜公も賛成だったと伝えられる。その意味では、すでに、ここで公武合体は実現していた。

喜久子妃は晩年になってから、インタビューに答えて、自分が高松宮と結婚することになっていると知ったのは十歳くらいになったときだといっている。

「高松宮様とご結婚なさるんですって、とどなたかに言われて、あれえと思いました」

まだ幼い喜久子姫には結婚の意味もよくわからなかった。しかし、お膳立ては確実に周囲の人たちにより準備されていた。

昭和二年の暮れに喜久子姫は初めて高松宮と対面した。当時、高松宮は海軍中尉だった。その印象は次のようにある。

「大事なご対面だったのでしょうが、顔も上げられないほど恥ずかしくて、覚えているのは、宮様のスリッパが歩くたびにキュッキュッと鳴る、その音がおかしかったことだけですね」

こんな具合なので、もちろん、デートなどもなかったようだ。『高松宮日記』にも、喜久子姫と初めて対面したことについての記述はない。

戦前の皇族の男子は必ず軍人にならなければいけないという規則があった。秩父宮は陸軍に進んだが、高松宮は海軍に入った。艦上での生活などを率直に綴った当時の日記に、なぜか婚約者の話は皆無である。これは、喜久子姫が結婚についての現実感が乏しかったのと同じように、高松宮も、恋愛感情が湧かなかったためだろう。

昭和四年二月十一日の高松宮日記の予記欄には「一、結婚は対手の卒業后に具体化すること。挙式は内約をせば早きを可とす。二、外遊は一年位。来年」という記述がある。高松宮が結婚への心構えを固めて、対応しようとしている様子がみえる。

喜久子姫の学習院卒業を待って、四月十二日に婚約の勅許があったが、このとき高松宮は榛名の船上にいた。

「石川別当《べつとう》より婚約勅許の旨来電。三陛下に御礼電発す。(自分の名で大夫、侍従長宛)。婚約勅許につき、大宮様より御よろこびのむね電あり」と日記には簡単に記されているだけで、本人の感想はわからない。

しかし、三陛下、すなわち天皇、皇后、皇太后の三人の中で、節子皇太后(大宮様)だけが、喜びの電報を打ってきたところに、皇太后の思い入れが感じられる。

余談になるが、高松宮は結婚前は、あくまで冷静な姿勢を保っている。婚約発表の翌日は当直だったが「副長が私の婚約につきお祝杯をするからとて、当直の代りをよこしたから断然祝杯を止めさす。無邪気な気分で杯をあげるのは、よいけれど、当直をかへてに至つては馬鹿にするにも程がある」と日記に書き、怒りを露わにした。

また、結婚にあたっての出費に関しても具体的な記述がある。たとえば、昭和四年五月八日には「洋装などの準備に六万—七万入用だそうな。女の洋装はどこまでも不経済。もっとも、妃そのための金子が徳川の方には有栖川宮からいつてゐるんださうだけれど」と日記にあり、妃殿下の支度の大変さを示している。

婚約後、初めて正式に喜久子姫に会ったのは五月十八日になってからだった。これではまだ、親しい気持ちがおきないのは当然である。六月二日の日記では、「石川から結婚や外遊の準備の女の着物の調べをよこす。徳川家で結婚用に六〇、四四九円、此方で外遊用に欧州に行ってから買うのも加へて二二、一七〇円、それで洋装だけ。女とは買ふものなり。買はれるものに非ずか」と、やや嘆くような調子だ。

たしかに千円もあれば、立派な一軒家が建てられた時代であるから、大変な出費といわなければならない。しかし、それは喜久子姫が特に贅沢だったからではない。実は、高松宮の場合は、結婚後に天皇の名代として、一年二か月にわたって欧米諸国を訪問する予定があった。当然ながら、各国要人との会見が控えていた。日本のプリンセスがみすぼらしい身なりで社交界に出るわけにはいかなかった。そのための、準備だったのである。

ちょっと読むと、皇室が結婚のために莫大な金額を使ったようにも読めるが、それが大出費であると認識している高松宮は、いたって正常な金銭感覚の持ち主だった。そして、その背後には、常に宮廷の経費を切り詰めて、陽の当たらない場所にいる人々への思いやりを忘れなかった節子皇太后の存在があったと考えられる。

民間の言葉でいえば、嫁と姑の関係だったが、喜久子妃は節子皇太后を終生、深く尊敬し、次のように語っている。

「ずいぶん可愛がって下さいました。お手紙もたくさんいただきましたしね。御従妹さんに奈良の法華寺の尼さんがいらしたのですが、貞明皇后様はその御従妹にあたる尼さんに『藤原不《ふ》比等《ひと》の子で鎌足の孫にあたる光明皇后が、悲田院《ひでん》とか施薬院《せやくいん》のような救済施設をつくって、困っている人々のためにあれだけのことをなさった。自分も藤原北家の九条の出の者として、何か世の中の役に立つような事をしたいと思う』とおっしゃったそうです。そして実行なさったのがハンセン病患者の救済や、燈台守の労苦を慰めることでした。ご自分の御用を御節約になって、そのお金を賜わったり、お庭の紅葉の苗を各診療所へ送って、夏は日陰で涼み、秋は紅葉を愛でるようにという思し召しをお伝えになったりしておられました。私どもも、及ばずながらそれを見習っております」

光明皇后は八世紀頃に実在した人物である。それを鑑として福祉に力を入れる節子皇太后の姿は、日本の皇室の歴史の長さをつくづくと感じさせる。

秩父宮妃と同じように、高松宮妃もまた、節子皇太后をこころから、尊敬していた。また、一度皇室に入ると、妃殿下はそこの人間になりきった。

「それから皇室に入りますと、自分の母のことでも『実枝子』と呼び捨てにします。そういうふうに言わなければいけないのです。貞明皇后様からいただくお手紙に『母より』としたためてあって、初めての時はびっくりしましたけど、結局、おたあ様とお呼びする方は貞明皇后お一方、実枝子はもう私の母ではない」

この時代、皇室に嫁入りする以上は妃殿下もそれだけの覚悟があったのだ。実家は捨てて来る。その心根を皇太后はよく承知していたので、優しく接した。こまめに手紙も書くという気遣いを見せた。だから、妃殿下たちも実の娘のように皇太后を慕ったのだ。

　喜久子妃は自分たちの結婚は皇太后が決めたと思っている。そして、その理由を語っている。

「秩父宮妃殿下も会津の松平家からいらっしゃった方ですし、三笠宮妃殿下のご実家の高木正《まさ》得《なり》子爵は幕臣でしょう。こっちは徳川慶喜の孫。だから嫁が三人寄ると、なんだかみんな、賊軍の娘ばかり揃ってるかたちじゃない（笑）。それだけに、会津でもご結婚が決まると、ご家来衆はたいそう喜んだそうです」

　どこまで節子皇太后が意図していたかは、今となっては不明だが、間違いなく、三人の皇子たちの結婚によって、かつて日本が二分された戦争の歴史は幕が降ろされた。

　賊軍と呼ばれた人々の悔しさを皇太后はよく承知していて、自分の手で決着をつけたのだといえる。

皇子誕生

それは昭和八年十二月二十三日のことだった。午前六時三十九分に良子皇后は男の赤ちゃんを出産した。日本中が待望していた親王が生まれた瞬間だった。これまで内親王ばかり四人も続けて生まれていたため、今回の出産に寄せる期待は大きかった。

『牧野伸顕日記』には次のようにある。

「同三十九分に至り親王御誕生の通知あり、我々一同歓極まる次第、言葉も用を為さず、只胸の塞がるを覚ゆるのみなりき」

もちろん、喜んだのは、側近たちだけではなかった。高松宮も、ほっと安堵したようだ。

「六時三十九分、皇子御誕生の由、七時少しすぎ電話にて承知。予め通知ありしまま除喪のこと丶して、三陛下へ御祝詞電報す。まことに私も重荷のおりた様なうれしさを、考へてみればおかしな話ながら、感じてやまず」とこの日の日記に記している。

このとき節子皇太后がどのような感想を持たれたのか、残念ながらそれを書いた資料はない。しかし、当然、非常に喜ばれたものと思われる。

すぐに多摩御陵に出かけた。御影殿だけでの、報告では気がすまなかったのだ。

あまりに急な訪れだったので、御陵の事務所ではお迎えの準備も整わなかった。それでも参拝をすませた皇太后は、御陵の便殿《べんでん》（天皇・皇后の臨時の休息所）でしばらく休んだ。そのときに陵墓官の妻が急いで花瓶にいけておいた一輪の山茶花に気づいた。その心遣いを嬉しく感じ、わざわざ山茶花を御所まで持ち帰った。そうした気配りはいかにも皇太后らしかった。

十二月二十九日、高松宮は天皇、皇后に祝辞を述べてから大宮御所、すなわち皇太后のところにもまわっている。ここで夜になってから、全職員を集めての食事会が開かれた。新しく生まれた皇子のお印は「栄印」つまり「桐」だった。

桐にちなんだ歌を高松宮は何首か日記に書きつけている。皇太后はことあるごとに、歌を詠むように皇子たちに勧めてきた。その影響か、高松宮の日記にも多くの歌が残されている。

生ひたては育ちも早き青桐のかけにさかへむ大み国つち

九重のみそのに生ふる若桐は年へて国をおほひけらしむ

こうした歌が四首ほど書いてあり、「栄印の桐に通じてよめる」と最後に説明があった。

この年の大晦日には高松宮が大宮御所を訪れている。おそらく、あらためて新宮誕生の喜びを皇太后と語りあったに違いない。

四人の皇子を育てあげた経験のある皇太后としては、新しく生まれた皇太子の養育は最も関心のある問題ではなかったろうか。

想像ではあるが、皇太后は良子皇后に対して、一種の不満を感じていた。おっとりとして、気がきかないと思っていた。何事にも柔和で優しいところが皇后の美点ともいえたが、頭の回転の早い皇太后にとっては物足りなさがあった。

そこで、初めから皇太子の養育には自分も関与しようという意思を示していたようだ。

昭和九年一月二十六日の牧野伸顕の日記には次のような記述がある。

「入江大夫来訪。皇太子御養育問題に付大宮様御意向、右に付大臣共話合ひたる顚末の陳情なり」

入江大夫とは大正天皇の肖像画を描いた入江為守子爵で、皇太后宮大夫だった。つまり、皇太后の御意向を時の内大臣である牧野に伝えるために入江が遣わされて来たということである。

では、その「大宮様御意向」とは何だったのか。この日の日記には記されていない。ただし、推測できるのは、皇太子の帝王教育についてだったのではないかということだ。

昭和天皇も、幼い頃に他家に預けられ厳しい帝王教育を受けた。そのお陰で、あの私心のない玉のような人格が形成されたのだとは、よくいわれる話である。

節子皇太后自身も幼少の頃に東京近郊の農家に預けられた経験を持つ。それによって庶民の生活を知り、健全な心身を育んだ。

したがって、節子皇太后には、皇太子に対しても、密かに思い描く養育方針があったのではないだろうか。

昭和十年三月三十日、「宮相来談。皇太子御養育の問題なり」という言葉が牧野伸顕日記に出てくる。

この件については侍従長、大夫、次官などが協議した結果、皇太子をなるべく早く満三歳になる前には、両陛下と別居をさせることで一致したという。適当な人を傅育《ふいく》官として選ぶ必要がある。その人柄についてはいろいろと研究したが、高齢の徳望ある大人物よりは、むしろ若い人にしたい。「大宮様の思召にて変はらざるを御希望なり」とある。

つまり、皇太后が、かなりの権限を持って皇太子の養育係について意見を述べていた様子がうかがえる。その裏側には天皇、皇后両陛下が皇太子を手もとに置いて育てたいという強い希望を持っていたという事実がある。

特に、良子皇后は母性愛に溢れた女性で、初めての男の子を溺愛した。なんとしても自分の傍で養育したかった。天皇も、そんな皇后の意向を汲んで、側近に皇太子を自分達の手で育てるわけにはいかないかと、くどいほど何度も尋ねた。

しかし、その希望は容れられなかった。この点については高松宮が日記に興味深い記述を残している。

「両陛下は共に極めて御やさしい。おそらくほんとに御叱りになることはあるまい。（略）しかも二方とも大して御強壮な身体の方でない場合、そこに生れるお子は気丈な方でない方が普通であらう。してその育て方が弱々しくされることによつては男さんについてははたしてどうであらうか」

つまり高松宮の懸念は、皇太子が甘やかされてひ弱に育つのではないかというところにあった。これは、高松宮のみならず、周囲の人々が感じていた懸念だった。

「陛下の御子は、ことに男の子については、私情を以て御誤りになつた愛育をおさせすることは出来ぬと思ふ」と、きっぱりと高松宮は言い切っている。

昭和天皇のときは生後二か月余りで川村純義《かわむらすみよし》伯爵の邸にあずけられた。しかし、今回はそう迅速にはことが運ばなかった。

昭和十年の三月になって皇太子のために別殿を造る案が浮上し、傅育官の選定の協議が始まった。そして九月二十日になって、高松宮に幼少の頃より仕えていた石川岩吉別当《べっとう》が適任だということになった。

別当とは宮家で事務方を扱う責任者を指す。

このときの『牧野伸顕日記』には、「石川別当は宮内省職員中此れまでの経歴に顧み成績宜しく、人物も抜群、皇族方にも能く知られ、殊に大宮様の御覚え悪からずと思考す」と書かれていた。ようするに、節子皇太后の気に入った人物でなかったら、この仕事は任せられなかったのだろう。それほど、皇太后は依然として宮中において影響力を持っていた。

しかし、時代は少しずつ変わり、実際に皇太子が東宮仮御所へと移るのは昭和十二年三月二十九日だった。皇太子は満三歳三か月になっていた。

今日からは、ここで暮らすのだと、姉の順宮が皇太子にいうと、「ヤマ『山田君』と遊ぶから、い、」といったと入江相政《すけまさ》の日記にはある。山田君とは山田康彦傅育官のことである。「お上方のさつぱりしておいでのこと、山田がさぞ感激したこと、思はれる。」と入江は感心している。

入江相政はいうまでもなく、昭和九年から昭和天皇の侍従を勤め、多くの著書も残した人物である。その入江の感想では、皇太子は大人たちが心配するほど、両親との別居を嫌がらず、平然としていたというのである。「お上方」というのは、どうも凡人とは違うものだと入江は思った。

入江の日記や牧野の日記には時おり、節子皇太后の名前が登場するが、どこまで皇室の人事などに関わっていたかは不明だ。

その日常はいたって静かで落ち着いた時間が流れていた。

起床は午前七時から八時までの間だった。いつも前の晩に、就寝の際、翌朝は何時に起きるかを側近にしらせた。すると、その時刻の十分くらい前に女官が雨戸を開けた。おそらく、たとえ早く目覚めても、女官の仕事を考えて、雨戸が開くのを待っていたのではないだろうか。

洗面をすませ、髪を結い上げるとすぐに衣服をつけて御影殿へ入った。

節子皇太后の髪は見事な長さで、立ち上がると地に届くほど長かった。洗髪は現代と違って、それほどたびたびするわけではなかった。毎日、念入りにすいて、結い上げるときに、庭のふじばかまの葉を一枚、洗った手拭でよく拭いてから髷の下に入れた。

なにやら源氏物語の時代のような雅な習慣である。皇太后がふじばかまの葉の香りを好んだためだったという。

また、髪には椿油をつけていた。そして髪を束ねる根元には梅酢をつけた。それはまだ娘時代に九条家に出入りしていた髪結いにおそわった慣わしだった。

寝るときは髪をといて、紫色の袋に入れて同色の紐でしばった。洗髪は昔ながらの〝ふのり〟とうどん粉を使うこともあったが、やがてシャンプーになった。

ドライヤーができるまでは、ふきんを火鉢で乾かしては、湿り気を取っていたというから、まるで平安時代のような悠長な仕草が繰り返されていたわけである。

皇太后と皇后

話は前後するが、昭和の初期、日本は満州事変、上海事変などが続き不穏な空気が流れていた。政治家の暗殺などもあり、人心は殺伐としていた。中国での戦争がさらに拡大を続ける途中でもあった。

節子皇太后はこんな時代だからこそ、自分が率先して国民に日本人としての範を示さなければならないと強く考えていた。

そのため、以前よりいっそう福祉活動に力を入れるようになった。ハンセン病の患者への深い思し召しがあったことは先に書いた。また、養蚕にかける情熱も相変わらずだった。それに加えて燈台の職員への心遣いも皇后時代と同じように続けていた。

昭和十一年十二月末には、燈光会を通じて全国の燈台を守る人々に金一封の御下賜があった。それには次のような和歌が添えられていた。

荒波もくたかむほとの雄心をやしなひながら守れともし火

いかにも皇太后らしい凛とした歌である。早川卓郎編の『貞明皇后』によると、燈光会では皇太后の歌を色紙に複製して全国の燈台に分かち、御下賜金でラジオを購入することにした。そのお陰で約二百の灯台、灯標にラジオがいきわたった。

このときにラジオを贈られた家の子供が書いた作文が『貞明皇后』の中には収録されている。とても素直に喜びが表されているので少し長いが前半部分だけ紹介してみたい。

題は「楽しいラヂオ」である。書いたのは山口県センガイ瀬灯標にいる尋常小学校三年生の八木みゆきという少女だった。

「この間の晩お父さんが、燈光ざつしをよみながら『こんど皇太后陛下さまから燈台にラヂオを下さるそうだから、らしゆう丸で来るだらう』とおつしやいましたので、私はうれしくてたまりませんでした。

らしゆう丸のくる日がちようど日ようだつたので、朝から弟と二人ではまへ出てまつていました。急に沖の方で汽笛がきこえましたので、見ると白い大きな船がとまつていました。お母さんが『あれがらしゆう丸です、大きいでせう』とおつしやいました。やがてらしゆう丸のおぢさんがラヂオの箱を持つてあがつてきました。弟は『ばんざい』と両手をあげて喜びました。夕方らしゆう丸のおぢさんたちがかへられてから、お父さんが『さあこれからラヂオをきかせてやるから、みんなで皇太后さまにおれいを申しませう』とおつしやると、お母さんが本箱から皇太后陛下さまの美しいおしやしんを出してラヂオの前へかざりました。私はていねいにおじぎをしました（後略）」

少女は自分の家がどこかに転任になったらラジオを持って行けるのだろうかと父親に尋ねた。心配しなくても同じラジオがどこにもあるのだと父親は答えた。「私はラヂオがきてほんとうにうれしいです」という文章で、この作文は終わっている。

一読して気がつくのは、少女が皇太后にこころからの感謝の念を持っているのもさることながら、自分の両親に対してもきちんと敬語を使い、幼いながらも美しい日本語が綴られている点だ。

戦前の日本で、どこの家庭でも見られた風景がこの作文には凝縮されている。そして、これこそが、節子皇太后の守ろうとした日本だったのだろう。

皇太后の「御心配が刺激となつて」当局も無関心ではいられず、灯台職員の待遇改善、福祉増進などが積極的に行われるようになったという。常に日の当たらぬ人々の身を案じていた皇太后にとって、それは満足のゆく成果だった。

宮中の祭祀などには、ひときわ熱心で周囲の者が感心するほどだったが、だからといって、皇太后はいつも因習に縛られているだけの女性ではなかった。ときには、驚くほど大胆な挙に出た。

昭和十年の十一月末に、突然宮中の大膳寮を訪ねた話が主婦の友社刊の『貞明皇后』には載っている。

それまで明治、大正、昭和を通じて、皇族の中で調理場を見た人はいなかった。中国の「君子は庖厨《ほうちゆう》を遠ざかる」という儒教の教えのためか、日本でも貴人は調理場に入らないという習慣があった。

したがって武士階級はもちろん、町人たちも男の子は台所に足を踏み入れないものとされていた。しかし、平安朝の頃までは貴人でも自分で包丁を握り魚を割き、賓客をもてなした。常に部屋の中で煮炊きをする天皇さえいたという。

それなのに、調理場に近づくのはいけないとされるのは不合理だと感じた皇太后は、ごく自然に、この習慣を破ってしまった。

ただし、皇太后のことなので、ただ無神経に仕来りを無視するというのではなかった。その当時は厨房に入るには新しいスリッパに履き替えるのがならわしだった。それを知っていた皇太后は事前に自分とお付きの人々の数だけのスリッパを用意させておいた。そのため、供奉《ぐぶ》の高官たちはあわてないですんだ。こうした気配りは皇太后独特のものだった。厨房で働く人々は深く感じ入った。

なぜ、皇太后は厨房に入りたかったのか。それには幾つかの理由がある。まず、あまり表面に出ることがなく、いわば縁の下の力持ち的な存在だった調理師たちに、晴れがましい思いをさせてやりたいと考えたのではないか。また、自身が若い頃に料理が得意だったことも関係があるようだ。

高松宮喜久子妃がこんな発言をしている。

「大宮さまがまだ九条家のお姫さまでいらっしゃったころは、料理や裁縫が特にお好きで、またご熱心だったと伺っています。それだけに、どちらもたいへんお上手で、将来、どんな家庭にお輿入れになっても、りっぱにお役に立つ腕前に上達していられたと、これは大宮さまのご自慢ばなしに、よく伺っていました。

ところが大宮さまは、ご自身では思いもかけられなかったことでしょうが、はからずも東宮妃におなりになりました。そうなると、お好きな料理にも裁縫にも、お手出しをなさる必要のない、というよりも、そんなことをなさってはならない高貴なご身分におなりになったのです。『人間の運命というものは、ほんとに皮肉で、面白いものですね』と、大宮さまはそう言って、お笑いになったことがありました」

若い頃から、自分の料理の腕前には、いささかの自信があっただけに、厨房を見てみたい、そこで働く人々を激励したいという思いが強かったと想像できる。

それをさっさと行動に移すところがいかにも節子皇太后らしい。

高松宮妃の談話はさらに続く。

「それほどのお腕前ですから、たとえば料理なども、お手出しはなさらなくても、味つけのことについてはいろいろとお好みがあって、私どもも、ご注意をいただいたこともたびたびありました。

お彼岸には、私は秩父宮妃殿下や三笠宮妃殿下と申し合わせて、おやわやわ（おはぎ）をこしらえて献上しましたが、それについても大宮さまはそれぞれに、味加減やご飯の加減その他いろいろのことを批評してくださいました。それで私どもは、毎年工夫して作ったものを献上するようにいたしました」

これは、ちょっと聞くと、皇太后がいかにも口うるさいといったふうにも取れる。しかし、よく読んでみると、三人の妃殿下たちに自分の実の娘と同じような気持ちで接し、安心しておはぎの味つけまで口出しをする親しさが垣間見える。それと同時に良子皇后には完全に距離を置いていたのがわかる。天皇の后である皇后には、皇太后といえども気安く口はきけなかった。また、二人の関係がそこまで発展しなかったのだともいえる。

そのかわり、皇太后は三人の妃殿下たちを分け隔てなく可愛がった。『貞明皇后』（主婦の友社）には次のようにある。

「大宮さまのお口ぐせは『ぶさいくなことだね』とおっしゃることだった。妃殿下がたが、何かなさったり、何かこしらえたりなさったとき、大宮さまに『ぶさいくなことだね』とおっしゃられると、妃殿下がたは首をすくめて恐縮されたものだった」

和気藹々とした家族の雰囲気が伝わってくる言葉である。だから三人の妃殿下は、まるで実の母親のように皇太后を慕った。何かわからないことがあると、必ず皇太后に聞きに行った。いつでも明晰な答が返ってきたと、三笠宮妃はのちに語っている。

これは宮中のしきたりに関することばかりではなかった。

何をやっても、皇太后の独創性と記憶力は群を抜いていた。

昭和五年に大宮御所が造営された際に庭に秋泉亭と名づけたお茶室が設けられた。その後は東久世元内匠頭が表千家の茶道をわきまえていたので、お茶席での相手をつとめ、週に二回ほどお稽古が行われた。

そこで発する皇太后の質問があまりに鋭く、東久世は、返答につまることがしばしばあった。

「大宮さまは、いっそのこと各流派のすぐれたところをお学びとりになり、それを調和させて大宮御流という一派をご創設遊ばされたらいかがでございましょう」といったほどだった。

あらゆることを中途半端にしたくない。その道を極めたいという皇太后の性格は、新しい流派を創設できるほど強靭だったといえる。

しかし、茶道具などは絶対に高価な骨董品を求めたりはしなかった。

皇室外交の先駆者

どの家庭でもそうかもしれないが、母親は一番末の子供に特別の慈しみを感じることがある。節子皇太后も、上の三人の親王たちとはやや年が離れている澄宮（のちの三笠宮）を、非常に可愛がり、大切にした。

もちろん、すべての子供に同じように深い愛情を注いではいたが、裕仁天皇に対しては我が子というよりは「御上」という感覚で一歩退いた立場で接していた。秩父宮と高松宮に寄せる愛情も深いものがあったが、それぞれ家庭を持ち独立していた。

そうなると、まだ学生だった澄宮に、もっぱら皇太后の関心は集中していた。といって、やたらと干渉するような母親ではなかった。

澄宮が昭和七年に陸軍士官学校へ入学した際には、「こたび澄宮の士官学校予科に入学しけるをよろこぶとともに思ふことのありて」という前文がついて、次の歌を詠んだ。

もののふの道ををしふるひろにはに一本おろす杉のわかなへ

澄宮のお印は「若杉」だった。そこで、「杉のわかなへ」といったのである。

こうした、いわば間接的な形での愛情表現が皇室では普通だった。

澄宮は幼少の頃から利発で、母宮の指導でさかんに童謡を作詞した。

「ツキヨノソラヲ　ガントビテ　ミヤクン　ゴテンデ　ソレミテル」

これは大正十年八月、七歳のときに日光の御用邸にいて作ったものだが、その後、曲がつけられて、人々に愛唱された。この他にも幾つかの童謡が、本居長世の作曲で作られ本居の令嬢が歌った。こうした才能は母宮譲りであり、また幼い頃から、節子皇太后が親王たちに歌を詠むように勧めてきたからだった。

昭和三年三月、学習院の中等科へ進んだ際も澄宮は、詩情豊かな歌を披露している。


かすみたつ目白か岡にうつされて花を咲かせん小ざくらの友

ここで「小ざくら」とあるのは学習院初等科で発行している雑誌の名前である。

その澄宮は昭和十年十二月二日に成年式を執り行い、三笠宮家を創立した。

学生時代の成績は抜群で、母宮から勉強に関して何かいわれた記憶はないとのちに三笠宮は語っている。もっとも侍従が密かに澄宮の成績を皇太后にお目に掛けていた。だから心配はしなかったようだ。

また、三笠宮の長男、寛仁《ともひと》親王によると、あまりに三笠宮の成績が良いため、教師は皇族だから特別扱いしていると疑われないように、わざと厳しい評価をしたほどだったという。それでも二位の生徒との差は大きかった。

親王たちが順調に成長し、それぞれ軍人として、立派に職務を果たしているなかにあって、世相はどんどん険しくなってきた。中国との戦争は長引き、米英との関係も悪化し、一触即発の状態だった。聡明な皇太后がその現状にこころを痛めないはずがなかった。

戦争が起きて良いとは皇太后はけっして思っていなかった。そのため、外国の駐日大使とは積極的に交友を深めた。これは今考えれば当然のことだが、当時は大変に勇気の必要な行為だった。

なにしろ海軍次官だった山本五十六がアメリカ大使のグルーに招かれて大使公邸を訪ねて、一緒に映画を鑑賞しただけで、国賊と呼ばれ、故郷の新潟にまで怪文書がばら撒かれるような時代だった。しかし、節子皇太后はイギリスやアメリカの大使夫妻と率先して会って交流することを厭わなかった。

昭和七年から十年間にわたって日本に駐在したアメリカ大使のジョセフ・C・グルーは自著『滞日十年』の中で皇太后について触れている。

それによるとグルーの妻であるアリスが皇太后に謁見したのは、昭和十六年の五月九日だったという。なんと真珠湾攻撃のわずか七か月前である。そこに、なんとか日米開戦を回避したいという皇太后の密かな思いがあったとは考えられないだろうか。

とにかく、会見はなごやかに行われた。少し長いがグルーの著書から引用してみよう。

「九年前に、日本に着いた時以来、皇太后と面接したことがないので、アリスは自発的に謁見を願いでて、松平夫人、次に式部長官松平子爵によつて取計られた謁見は、五月九日に行われた」

松平夫人とあるのは、いうまでもなく皇太后の御用掛を務めた松平信子のことで、秩父宮勢津子妃の母親だった。皇太后の信任が厚く、彼女の尽力で謁見は実現した。

「アリスはたんに外交団首席の夫人という資格で謁見を許されたが、大使夫人ということになるとこれが先例になつて、ほかにもいくらも謁見を許さねばならぬので、いずれにせよ、これは特別なはからいだつた。」

謁見の表向きの理由は三笠宮の婚約と、裕仁天皇の内親王の照宮も、東久邇宮との婚約が内定していたので、その両方のお祝いをいうことにあった。しかし、実際にはアリス夫人が皇太后に会いたいと強く希望したためだった。おそらく、アリス夫人は皇太后の人柄について、他の大使夫人たちから何か聞いていたのではないだろうか。

「だが、アリスは、本当に皇太后を尊敬しており、もう一度お目にかゝりたいといっていた。この謁見は非常に気持がよく、あたゝかいものであつた」

女官の山中夫人を通訳として二人は三十分ほど話し合ったらしい。皇太后はその溢れるような魅力でたちまち初対面に近いアリス夫人のこころを虜にした。

「アリスの話だと皇太后はアリスのことを私自身（グルーのこと）以外のたれよりもよく知つておられるらしい。彼女はアリスが定期的に流行の本（『ヴォーグ』その他）とジャズのレコードを秩父宮妃殿下に送つていることを感謝され、アリスが軽薄なものばかり上げて済みませんというと、皇太后はジャズのレコードを軽べつしてはいけません、秩父宮が葉山で病気をしていた時蓄音器にかけ、彼は非常にこれをよろこんだといった」

この年から秩父宮は体調を崩し、葉山で療養していたのである。

それにしても、アメリカ文化の代表ともいえるジャズを、「軽べつしてはいけません」という皇太后の心遣いは見事なものである。グルーの回想はさらに続く。

「皇太后は前の晩、秩父宮妃殿下が一緒に食事をして、その時レコードのことと、妃殿下の弟が死んだ時、アリスが花を贈つたことが、話しに出たといわれた。皇太后はまたアリスが聾唖学校に関心を持つていることを知つておられ、彼女がつくしたことを感謝された」

アリス夫人は皇太后が自分のことを、とてもよく知っているのに驚嘆している。そして、御礼を述べた。これは私の推測だが、すでにアリス夫人と会見する予定が入っていた皇太后は、わざわざ、その前日に秩父宮妃を食事に招待して、翌日現れるアメリカ婦人のお客に関する予備知識を仕込んだのではないだろうか。

駐米日本大使の娘だった勢津子妃は、当然ながらアメリカの事情に詳しく、グルー夫妻とも親交があった。だから、その勢津子妃からアリス夫人の人となりを聞いておけば、当日の会話に困らず、客人をじゅうぶんにもてなせると皇太后は考えたのだろう。

実際、皇太后はどんなお客にも、通り一遍のもてなしはしなかった。必ず、相手の出身地や趣味、家族構成などを事前に調べておいて、実際に会ったときに会話が弾むようにこころがけた。

それはある意味で優れた外交官の資質だったかもしれない。外交官とは、なにも語学が堪能で高学歴であることだけが条件ではない。むしろ、相手の懐に飛び込むような思いやりや優しさを備えた人が優秀な仕事を残す。その意味で皇太后は皇室外交の先駆者ともいえる。

アリス夫人は感激した。「面白い話をいくつかしてあげ、皇太后は声をたて丶笑われたというが、厳格な宮中にあつて、これはすくなくとも気持のい丶気晴らしだつただろう」とグルーは書いている。

いかにもアメリカ人らしいオープンさで、アリス夫人がくつろいだ会話を交わしている様子が目に浮かぶ。

また、皇太后はグルー夫妻の子供たちや孫についても詳しく質問をした。好奇心が旺盛なところはいつもの節子皇太后だった。

アリス夫人はカリフォルニア産のオレンジやレモン、グレープフルーツを皇太后に持参したところ、その幾つかはあとから天皇、皇后に届けられたと聞いた。

これも現在ならば、どうということもない話だが、今にも日米開戦が始まろうかという不穏な空気が流れていた時代であるから、まさに勇気ある皇太后の判断だった。

果物のお返しに皇太后は庭に咲いていた見事な蘭を花束にしてアリス夫人にあげた。

「その後山中夫人は萩原夫人に、この謁見が『大成功』で、陛下は大変およろこびになり、そもそも御自身で外国大使夫人に花を手渡されたなどというのは、歴史始まつて最初のことだと話した。皇太后は外国の貴婦人たちがもう一度こゝに集り、花をながめて楽しむ時が早くくればいゝといわれ、アリスがお別れの言葉を述べて部屋から退出する時、愛情深く彼女の手を握りしめておられた」

グルーは皇室がアメリカとの親善を熱心に切望しているとの印象を持った。

それはまさに皇太后が、あの時期に伝えたかったメッセージだ。しかし、歴史は彼女の希望とは逆の方向へと動いていくのだった。

母として

秩父宮が体調を崩したのは昭和十五年の六月だった。それ以前から疲労は溜まっていた。昭和十二年に英国のジョージ六世の戴冠式に天皇の名代として参列するため勢津子妃と渡欧し、その後、二人とも風邪をこじらせて肺炎をおこし、スイスで一か月あまりも静養した。このときは勢津子妃のほうが重患だったが、幸いにも妃殿下は完治して帰国した。

ところが帰国後、ゆっくりと養生をする暇もない秩父宮は軍務に忙殺され、中国大陸への出張なども続いた。そのため、病状は悪化し昭和十五年八月には侍医たちから正式に「肺結核」との診断が下された。

このとき秩父宮は三十八歳の若さだった。

まだストレプトマイシンが発見される以前のことであるから、結核は不治の病と思われていた。それだけに周囲の人々に与えた衝撃は大きかった。

節子皇太后もその例外ではなかった。ただただ秩父宮の病状を案じる姿は、傍で見ていても痛ましいほどだった。

当初は葉山で静養していた秩父宮を、節子皇太后は三回も見舞ったという。（『貞明皇后』主

婦の友社）

実は葉山は、大正天皇が崩御した地であり、悲しい思い出があった。そのため昭和になってからは一度も足を運んでいなかったのだが、そんなことも忘れて、心配のあまり駆けつけたのだった。

その後、秩父宮が御殿場に転地療養をしたときも、皇太后は見舞いに訪れた。勢津子妃の著書『銀のボンボニエール』によると昭和十七年九月の末に沼津の御用邸に滞在していた皇太后が初めて御殿場の別邸に行啓された。

勢津子妃によると、これは「宮さまがご発病以来のご対面でもありました」という。

秩父宮はその二、三日前に散髪をして対面に備えた。

「このところずっと微熱もおありにならないでおやつれも見えず、羽織袴をお召しのお元気なお姿で、お玄関前で母宮陛下のご到着をお待ちかねでした」（『銀のボンボニエール』）

これまでにも高松宮や三笠宮は見舞いに訪れていたので、その様子は皇太后に報告していたはずだが、それでも母宮としての心配は尽きなかった。

「お身体の具合はいかがですか」と尋ねる皇太后の言葉にも再会できた喜びが溢れていた。

「はい。元気に療養しております」と秩父宮は嬉しそうに答え、かかえるようにして皇太后を玄関へと案内した。「お心では母宮さまにいだかれておいでになるようなお気持ちだったかもしれません」と勢津子妃は回想している。肺結核という病気のため、皇太后もなかなか行啓がなかったのだという。

しかし、『貞明皇后』（主婦の友社）には次のような文章がある。

「たまたま秩父宮が葉山でご養生になっていられたとき、大宮さまは葉山に行啓されて、三回ほどお見舞いになった。（中略）このとき一番おどろかれたのは、秩父宮ご自身であった。その時代には、そのような陛下からのお見舞いはあり得ないことだったのである。

だから、そんな特別のお見舞いは、かえって病人に気をつかわせることになるからとの思召しで、大宮さまは横須賀の航空隊と海軍病院をお見舞いになることを公式に仰せ出され、高松宮殿下とごいっしょにお出ましになり、そのついでのようにして葉山の秩父宮をお見舞いになったのであった。ご病人に気をつかわせまいとなさる、深い思召しからであった。その後たびたび御殿場にもお見舞いになられた」

もしこの話が真実だとすると、いかにも皇太后らしい細やかな気配りが感じられる。また、母親として、自分の立場もさることながら、なんとしてでもわが子を見舞うのだという強い意思が伝わってくる。

昭和十二年の七月に起きた盧溝橋《ろこうきょう》事件から、十六年十二月の真珠湾攻撃の日まで、日本の空には暗雲がたれこめ、大宮御所の生活も次第に変化していった。

そんな中で満州国の皇帝である溥儀《ふぎ》が東京を訪れたのは昭和十五年の六月二十六日だった。節子皇太后の五十六歳のお誕生日の翌日だった。赤坂離宮などでの晩餐会が続いたあと、六月二十九日に大宮御所に溥儀を迎えた。

このときの節子皇太后のこころのこもった接待は後々の語り草となるほどだった。まず、高松宮日記によると、その前日に大宮御所で秩父宮妃、高松宮妃などが集まり「オ茶の稽古あり」。

翌日の茶席に備えて、皇太后は特別な器を焼かせて用意させていた。それだけ気合が入っていたのである。

高松宮日記には当日の席順を記した図まで描かれている。

「昼食は懐石料理にて、いつものお食堂。あとにて大宮様、お召換にて、お茶室にてお手前。四時頃になつたらう。お庭へ。衆芳堂にて川合玉堂の席画あり。照宮にも御一緒。六時少し前、キリ通のところより皇帝は自動車にてお帰り」

つまり、昼から夕方までずっと皇太后がこころをこめてもてなしたことになる。

のちに同席していた三笠宮は「ほんとうに実の親子のようになさっておいででした」と語っている。

また、高松宮の回想によると、溥儀も皇太后に非常になついていて、赤坂離宮を散歩していたときに、坂道になると必ず腕を貸して皇太后のひじを支えた。

皇太后が「太陽が西に沈むときは、いつも陛下の国のことと、陛下のことを思い浮かべるでしょう」というと、溥儀はすぐさま、それに呼応するかのように「太陽が東の空へ上るのを見たら、私はきっと皇太后陛下のことを思い出すでしょう」と答え、二人は楽しそうに笑った。

実は皇太后には秩父宮と高松宮が生まれる間に流産した男の子が一人いた。だから溥儀がその子の生まれ変わりのように思えたのではないだろうか。

七月二日に、いよいよ溥儀が日本を去るために東京駅を出発するとき、高松宮は皇太后から伝言を託された。その口上の全文が高松宮日記には、残されている。やや長いのだが皇太后の真心がよく表れているので、引用してみたい。

「この度は折角おいで遊ばしていたゞきましたのに何のおもてなしも御心半ばで御つくし遊ばされませんでした。御対面も度々遊ばされましたし、御話も遊ばされ、御申入れもおきゝ遊ばされまして御満足様に思召されました。梅雨中《ウチ》とは申しながら、御天気の御都合およろしく、御参拝もおすら〳〵とおすまし遊ばされました事は陛下の御徳であらしやりまする。いよ〳〵今日は御立ちであらしやりまするので御名残惜しう思召されます
御途中、御機嫌よくお艦も御静かに御滞りなく新京へ御着の御おしらせを御待ち遊ばされまする　よろしう」

これを口頭で伝えていたために、予定の時間がぎりぎりになったと日記には書かれている。

それにしても、この文章はいかにも皇太后らしく雅《みやび》でありながらも、親しい気持ちがこもっている。

溥儀が帰った後で秩父宮、高松宮、三笠宮の三人は「おたたさまは、われわれよりも溥儀さんが、おかわいいらしいね」と焼餅を焼いたという。(『貞明皇后』主婦の友社)

これほど皇太后が熱心に溥儀をもてなしたのは、もちろん、こころからの愛情もあったろうが、やはり満州国に対する思い入れからだったろう。なんとか満州国が国際的にも認められ、自立して欲しいという広い視野に立っての心遣いだったと思われる。

昭和十六年に入ると、何かと世相が慌しいなかで、三笠宮のお妃選びが密かに進められていた。

皇太后は何度も女子学習院の授業を参観し、それとなく一人の女生徒の様子を見ていた。それは高木正得子爵の二女の百合子《ゆりこ》姫だった。百合子姫は大正十二年六月生まれで、当時女子学習院本科に在籍していた。母君は昭和天皇の侍従を勤めた入江相政の妹だった。そして、その入江の父である為守は皇太后大夫で大正天皇の肖像画を画いた。

つまりは、何かと縁の深い入江家の親戚から三笠宮の妃殿下を選んだわけである。

百合子姫は容姿端麗な上に成績も優秀で卒業のときは優等生として良子皇后より賜品を受け

た。

そのときは、まだ婚約は発表されていなかったのだが、内定はしていた。そのため皇后の女官たちが、百合子姫の姿を一目見ようと、卒業式のときに伸び上がって見るので、その場にいた報道陣に百合子姫が妃殿下候補の本命だとばれてしまったという話がある。

皇太后はかつては幕臣だった家柄の百合子姫を、どうしても三笠宮の妃殿下にと所望した。驚いた高木家では、「とてもつとまりません」と断ったが、入江家や坊城《ぼうじょう》家などの親戚から申し入れがあり、ついに話を受けることとなった。

「それはもう雷様に打たれたようでございました」と後に百合子妃は回想している。しかし、皇太后はきわめて優秀で美しい百合子姫に妃殿下としての品位を見出し、強い意志で、この結婚を纏めてしまったのである。

また三笠宮もそれまで他の令嬢の見合いの写真などを見せられてもこころが動かなかったが、百合子姫と映画会の席で見合いをして、一度で「結構でございます」と返事をしたという。それほど気に入ったのである。

昭和十六年十月二十二日、二十五歳と十八歳の初々しいカップルが誕生したのだった。

戦勝ムード

ついにその日はやってきた。昭和十六年十二月八日。真珠湾奇襲攻撃により、太平洋戦争が勃発したのである。

この報せを節子皇太后がどこで聞いたのか、はっきりとした資料は残されていないが、おそらくは大宮御所だったと思われる。

すでに開戦前に、ある程度の情報は皇太后のところに届いていただろう。

これは昭和十二年に始まっていた中国での戦争の延長線上とも捉えられた。昭和十三年には、節子皇太后は戦線にいる兵士を思って、幾つかの歌を詠んでいる。

ますらをのつよきいぶきも凍るらむ雪ふりつもる北支那の山

そしていよいよ事態が切迫してきた昭和十六年の五月には、次のように詠った。

常ならぬ時をしるして大ぞらにをどるのぼりの鯉も少し

皇太后の観察眼の鋭さがよく表れている。節子皇太后が開戦に対して強い反対の意向を持っていたと書く研究書もあるが、たしかな裏づけはない。ただ、皇太后として、戦線に立つ兵士とその家族の身をこころから案じていた様子は、その歌からひしひしと伝わってくる。

ほそぼそとけぶりをたててさびしくも月日をおくらむつま子をぞおもふ

あるいは傷病兵に対しては親身の同情を寄せていた。

なぐさめむことばもしらずたちいでぬいたでになやむ姿みかねて

いのるかな目をうしなひしますらをのほがらかなれとすくよかなれと

こうした心痛はあったものの、開戦当初の日本は圧倒的な勝利をおさめていた。当時、天皇の侍従だった入江相政の日記には、国民の感情がごく自然に綴られている。十二月八日には次のようにある。

「いよいよ日本は米英両国に宣戦を布告した。来るべきものが来たゞけの事であり却つてさつぱりした。（中略）零時半のニユースによると遠くハワイまで爆撃に行つてゐる。痛快だ。（中略）布哇ではウエストバージニア、オクラホマの二隻撃沈、その他四隻大破、大型巡洋艦四隻、航空母艦一隻、運送船一隻、マニラでは飛行場二ケ所で夫々五十機撃破、何と嬉しいことであらう。侍従長、鮫島さんと握手する」

たしかに素晴らしい戦果だった。入江ならずとも「痛快だ」と叫んだ日本人は多かった。しかし、戦勝に伴う犠牲に目を向けていた皇族の一人が節子皇太后だったといえる。彼女の一連の和歌がそれを証明していた。

話が前後するが、秩父宮が結核であることが判明したのは、昭和十六年六月七日である。保阪正康著『秩父宮と昭和天皇』には、この前後の宮中の動きや節子皇太后の様子がつぶさに描かれている。

同書によると節子皇太后は葉山に滞在する秩父宮をしばしば訪れたという。

そして、結核という病気について密かに調査をした。

二・二六事件のとき侍従武官長だった本庄繁は、事件のあと予備役に編入となった。その後、結核傷痍軍人対策に携わった。その本庄をお召しになり、軍人の中にどの程度結核の患者がいるかを皇太后は尋ねた。

「結核の兵隊もよく治ることが多いようです」と、本庄が答えると、皇太后は小柄な身体を左右にゆすって椅子から乗り出してきた。

「本庄、それは本当かい」

なぜ、皇太后がそう口走ったかといえば、結核はまだ不治の病として恐れられていた時代だったからである。

本庄は結核が完治した兵士の話を詳しく伝えた。節子皇太后が秩父宮の身を思って、眼を輝かせているのにこたえて、日本陸軍兵士と結核の関係を説明したのだった。

これには後日談があり、本庄と共に軍事保護院で軍人の結核対策にとりくんでいた浜野規矩《きく》雄《お》が、秩父宮と雑談の折に、この話を紹介すると、秩父宮は涙を流したという。

保阪の著書では、もう一つの興味深いエピソードを挙げている。

「これは太平洋戦争の始まってからのことだが、戦争初期は日本軍が東南アジアの各地でアメリカや英国、それにオランダ軍を圧倒し、はなばなしい戦果をあげた。宮中のある要人が、貞《てい》明《めい》皇太后に会ったときに、『もし秩父宮殿下が御健在だったら、いくつもの武勲をたてたに相違ありません』と媚びるような発言をした。

すると貞明皇太后は目を吊りあげ、切り口上で答えた。

『皇室にも、まったく戦争と関わりをもたない者がいてもいいでしょう』」

ここで「貞明皇太后」と書かれているのは、明らかな誤用である。皇太后のときは、まだ「貞明」という追号はつけられていなかった。その死後に初めて「貞明皇后」と呼ばれるようになった。皇太后の間は「節子皇太后」である。ただし、なぜか、明治天皇の后だった美子皇后だけは追号の「昭憲皇太后」で呼ばれている。

いずれにせよ、国家危急のときに病気で療養とは情け無いといった風潮が陸軍内であり、節子皇太后は、そんな秩父宮の後ろ盾だったのだと著者は書く。

たしかにそうした側面もあったろうが、節子皇太后の心中には、親王たちが全員軍人になることへのある種の抵抗感があったようだ。戦後になって三笠宮が語ったことだが、節子皇太后は一番下の息子である三笠宮が陸軍ではなく、学者の道に進むことを実は密かに望んでいた。それをあとから知った三笠宮はショックを受けたという。

しかし、皇族の男子は全員軍人になるのが決まりだった時代であるから、いくら皇太后が望んでも親王たちが他の道を歩く選択は許されなかった。

あらゆることを前向きに受け止めようと考えていた節子皇太后は、秩父宮の結核も、これで戦争に関わりを持たないですむようになったというふうに解釈したのかもしれない。

また、ある日、秩父宮妃に、しみじみと、こんなことを語った。

「病気はよいことではないが、悪いことばかりでもない。御殿場にお泊まりに行かれたご兄弟

がこれまで以上に親しくなられ、君さんたちも打ちとけて親しさを増されたことはよかった」（『貞明皇后』主婦の友社）

少し補足すると「君さんたち」というのは妃殿下たちを指している。

節子皇太后は妃殿下の名前を呼ぶときは「勢津君さん」とか「喜久君さん」といったが、二人きりのときは、「君さん」と呼びかけた。

だから「君さんたち」とは、三人の妃殿下たちを意味していたのである。良子皇后は、もちろん別格なので、ここからは除外されている。

まさに皇太后の言葉とおり、高松宮と三笠宮は頻繁に泊りがけで御殿場へ行き、兄弟の仲は深まった。「災転じて福とするお励ましのお心」を常に皇太后は持っていた。それが彼女の勁さだった。

少し時代はあとになるが、第二次大戦が終戦を迎えた昭和二十年八月十五日も、秩父宮は高松宮と喜久子妃とともに玉音放送を聞いた。

わざわざ高松宮が御殿場まで訪ねたのである。苦難の時を一緒に迎えようという兄弟の固い結束ともいえた。そして、これこそが皇太后の望んでいたことだった。

皇太后は天皇と三人の弟宮たちが、軍部に利用され、仲違いをするのを最も恐れていたと書く本もある。ただし、実際に皇太后がどのような発言をしたのかの資料などは残っていない。

すべては推測にすぎないのだが、まず日本の繁栄を考え、そして天皇を守ろうとしていた皇太后にしてみれば、弟宮たちと天皇の仲に亀裂が入るのは耐え難いことだったろうという想像はできる。

とにかく、昭和十六年は、ごく一部の日本人を除いて、ほとんどの人が日本の勝利を確信しながら、大晦日を迎えた。

入江相政の日記には次のように記されている。

「今日は除夜、大東亜戦争の戦果による将来の帝国の振々乎たる発展を思ひ、全く感慨無量である。みたみわれ生けるしるしありと思ひ、かくも栄ゆる時代に会えるとは思はなかつた。もうどんな辛抱でもする。帝国民族一万年の計を樹立して東亜の天地、世界の天地に盟主として君臨しなければならない」

現在になって読むと、いささか気恥ずかしい思いもするが、当時の日本人の本音をよく表している。

そうした戦勝ムードは翌十七年になっても変わらなかった。

四月二十九日、天長節に天皇、皇后から、大宮様、すなわち節子皇太后に進ぜられた狂歌が入江の日記には載っている。

「陶製皿　ドリヤンもマングステインも海越えてやかてはのらむこの皿の上に」

「か、へ鞄　チヤーチルの秘策はこれが中にあり蓋をあくればからにぞありける」

「インクスタンド　蘭印の油田の中はからならずこのスタンドにはインクなけれど」

これらの狂歌を本当に天皇、皇后の両陛下が皇太后に贈ったとは、ちょっと考えにくいのだが、宮中の浮かれた様子だけは目に浮かぶようだ。

シンガポールの英軍を降伏させたのち、ラングーンを占領し、ジャワのオランダ軍も降伏させ、マニラも手中に収めた日本軍は強気だった。

しかし、その反面、四月十八日には日本は初めての米軍機による空襲を経験していた。情勢は次第に変化しつつあった。

防空壕での暮らし

昭和十七年六月にミッドウェーの海戦で敗北を喫してから、日本の戦況は悪化の一途を辿っていた。それに焦りを感じていたのは、軍の上層部だけではなかった。

昭和十八年四月には、連合艦隊司令長官の山本五十六が、アメリカ機に撃墜されて戦死した。この報せを聞いた秩父宮勢津子妃は「ああこれはもう絶対にだめだ、日本は負けると直感的に思いました」と、自著に書いている。

『高松宮日記』にも、海軍の軍人であり、昭和天皇の弟宮でもあった高松宮の率直な胸中が綴られている。

昭和十九年の六月、サイパンが陥落すると、日本は制空権を失い、本土はアメリカ軍の容赦ない空襲に曝されることとなった。

危機感を募らせていた高松宮の七月八日の日記には次のようにある。

「陛下ノ御性質上、組織ガ動イテキルトキハ邪ナコトガオ嫌ヒナレバ筋ヲ通スト云フ潔癖ハ長所デイラツシヤルガ、組織ガソノ本当ノ作用ヲナクシタトキハ、ドウニモナラヌ短所トナツテシマフ。今後ノ難局ニハ最モソノ短所ガ大キク害ヲナスト心配サレルノデ、サウシタトキノ御心構ヘナリ御処置ニツキ今カラオ考ヘヲ正シ準備ヲスル要アリ」

つまり、高松宮は来るべき終戦について、もうこの時期に覚悟をしていた。その上で、天皇の対応を心配していたと思われる。

ちょうどこの頃、海軍と陸軍の内部では、東条英機暗殺計画が別個にそれぞれ進行していた。いずれも未然に終わったのだが、海軍では高松宮を、陸軍では三笠宮を巻き込む構想だった。

このときに計画の中止を強く求めたのが節子皇太后であったと、まことしやかに書く本が何冊かある。

昭和天皇が親任した東条英機首相を暗殺することは、お上の意思に背くことであるとして、兄弟仲を心配した節子皇太后が反対をしたというのである。

しかし、現在九十二歳の三笠宮は当時を回想して、それはあり得ないことだったと語っている。節子皇太后は戦争中も、軍事や政治向きの問題に口出しをすることは一切なかったという。また、たとえ親子でも、軍部の機密を洩らすような真似は絶対にしなかった。したがって、巷間によくいわれている、節子皇太后の反対によって東条暗殺計画が頓挫したという説は、まったく根も葉もない噂である。

しかし、日本の現状を憂うる気持ちは、皇族の間に強く、おそらくは節子皇太后も同じ気持ちだったろう。

昭和十八年の暮に皇太后が詠った歌がある。

かしづきし子はみいくさにめされいて親やさびしく年おくるらむ

一般の人々は息子を徴兵に取られて、淋しい正月を迎えようとしていた。その気持ちを汲んでの歌だが、一方、自身も、病気療養中の秩父宮を除いて、高松宮と三笠宮が軍部に所属しており、外地での勤務もあったので、子を案じる親の気持ちはよく承知していた。だからこそ、親の淋しさを歌に託したのだろう。

だからといって、昭和十九年になり、空襲が激しくなっても、皇太后の志気が衰えたわけではなかった。

民こぞり守りつづけて皇国のつちはふますな一はしをだに

日本を守ろうという確固たる姿勢が見える。そんな皇太后の決意を知りながらも、天皇は母宮の安全を危惧していた。

筧素彦著『今上陛下と母宮貞明皇后』によると昭和天皇は空襲のたびに、母宮が避難されたかどうかを心配して、お付の者に何度もご下問があったという。

皇太后の住む大宮御所にもお文庫と呼ばれる防空壕があった。しかし、それは大宮御所から坂道を下りた、かなり下のほうにある茶畑の一角に建てられていた。

若者でも、息が切れるような場所にあるのに、まして六十歳になる皇太后が暗い夜道などを避難するには難渋だろうと天皇は案じたのである。そこで、早く安全なところに疎開してもらいたいと天皇は何度も勧めるのだが、皇太后は「お上を東京に残して自分だけ動く気はありません」と言って、どうしても疎開に応じなかった。

実は軽井沢の近藤別邸を提供してもらい、そこを皇太后の疎開先にすべく改造工事を進めていたのだが、かんじんの皇太后が、なんとしても首を縦に振らなかった。

一説によると、当時、天皇も長野県松代に構築されていた大本営地下壕に、三種の神器と共に疎開してはどうかという案があった。しかし、皇太后が帝都を動こうとしないのに、天皇と皇后だけが避難するわけにはいかなかった。だから天皇は東京に残ったのだという人もいる。

そうこうするうちに運命の五月二十五日がやってきた。

寛はその晩の出来事を次のように書いている。

「この夜、赤坂の大宮御所もまた無数の焼夷弾にあって全焼、皇太后陛下は危機一髪のところでお文庫（防空室－御殿からお庭伝いに坂を下りたところに在った）に御避難になった。あとで伺ったところによると廂の下にお入りになるや否や、その廂の上に焼夷弾が落下炸裂したとのことであった」

まさに命がけの避難であった。翌日の皇太后の様子を、のちに高松宮妃が『菊と葵のものがたり』に収録された、秩父宮妃、三笠宮妃との鼎談「思い出の高松宮さま」の中で回想している。その晩は三笠宮家も秩父宮家も焼けた。

「私、焼けた後駆けつけるとき、これは女一人じゃとてもだめだと思ったから、別当を連れていったんですけど、六本木あたりでは電線が垂れ下がってて、ほんとにすごかったの。どうやらこうやら大宮御所へたどりつきましてね。ご門を入ったら、とにかく向こうのお庭の木しか何もないじゃない。あっけにとられて、もう声も出ないほど。お蔵が左の方におありになったでしょう?その窓からぼうぼう火が出ているのよ」

この言葉に対して三笠宮妃が「立木まで燃え出すようなひどい火でした」と言葉を添えている。さらに高松宮妃が話を続ける。

「兵隊さんがいるんだけど、ただ呆然として見ているだけ。『大宮さまは一体どこにおいであそばすの』と聞いたら、下におりたお茶畑の防空壕にいらっしゃるということで、それからそこに伺いました。そうしたら、大宮さまが『これで一般の国民とおんなじになった』っておっしゃったのよ。不平なんか一つもおっしゃらない。

私、何だかうちが焼けてないのが申しわけなくてね。ほんとにそう感じてたもんだから、ちょっとそれを口にしたら、『いえ、そちらが残ってくれたので助かる』っていうのが大宮さまのお言葉でした。うちも焼けてしまえばよかったと私、本気で思ったんです」

高松宮妃の言葉は大空襲のあった日の皇太后の姿を彷彿とさせる。

常に国民と共にありたいと思っていた皇太后は、これより前の三月十日の大空襲で、七万人以上の死者が出て、罹災者は百十五万人以上にのぼったという事実にどれほど胸を痛めていたことだろう。

自分の住む大宮御所も焼けて、国民と同じになったという皇太后の言葉に、彼女の覚悟の強さが窺われる。高松宮妃に、「そちらが残ってくれたので助かる」と言ってはいるが、皇太后は高松宮邸に移るつもりはなかった。終戦後にようやく軽井沢に行くまでは狭苦しい防空壕の中で生活をした。

『高松宮日記』には、五月二十七日に大宮御所を訪れたことが記されている。

「午後、お菓子モッテ大宮御所へ焼あと見ニ行ク。丁度兵隊ガ取片付始メルカラトテ、ソノ前ニ大宮様御覧中ニユク。お供シテアトお文庫ニユク。地下御座所ニお御影様モウ大分前カラおマツリアリ、ソレデ御寝ハ地下室ニ、イツカ翁島へ御成ノトキノ畳ジキノ寝台ヲ持込ミニテ御やすみの由、拝見ス」

大宮御所のお文庫は地下室になっていた。大正天皇の肖像画である「お御影様」は、空襲があることを予測して、ずいぶん前に、すでに防空壕へ移していたようだ。

そこでの生活については『貞明皇后』（主婦の友社）に詳しい。

お文庫は四畳半ほどの狭い一室だった。その一角にお御影様が祭られていた。以前と同じように朝晩の礼拝を怠らなかった。

防空壕での暮らしが始まっても、皇太后は泰然自若としていた。翌日から、秩父、高松、三笠の三宮妃が、何かしら食べるものを作って届けた。三人の妃殿下はこころから母宮に心酔し尊敬していたので、できることは何でもしたかったのである。まさに見事な結束だった。

ここに良子皇后が加わらないのは、少し不自然な感じがするが、それについては後述したい。

「ご不自由なものはございませんか？」と三妃殿下が尋ねても、皇太后は答えなかった。やむなく、お側の人たちに様子を聞いて判断するしかなかった。自分から、何かを要求するという気持ちが皇太后にはなかったのである。

女官たちが、未練がましく焼けてしまった調度品の話などしても「ああ、あれはお上の御殿に忘れてきたのね」とだけいって、「焼けた」という表現は絶対に使わなかった。

地下のお文庫に入ると、地上を通る人々の足音が聞こえたが、かえって幼少の頃の高円寺時代がしのばれ、懐かしいといっていた。

両陛下との話し合い

いったいいつ頃から、節子皇太后は日本の敗戦を予期していたのだろう。

昭和十九年には次のような歌を詠んでいた。

「皇国はいふにおよばず大あじあ国のことごとすくはしめませ」

まだ、日本がアジアのリーダーたり得るという自信を見せている。

ところが昭和二十年に詠ったという歌の趣きは変わる。


かちいくさいのるとまゐるみやしろのはやしの梅は早ちりにけり

これは時期がよくわからないのだが、梅が散ってしまったというところを見ると二月末から三月にかけてであろうか。あの三月十日の大空襲の直後だったかもしれない。

いずれにせよ、かなり早い時期に節子皇太后が敗戦を覚悟していたのが、この歌からは読み取れる。

また、入江相政侍従は、後年、次のように語ったという（『貞明皇后』主婦の友社）。

「照宮さまの御婚儀の日がちかづいたある日、大宮さまはそのお支度の衣類調度をご覧になったことがありました。私もおあとに従ったのですが、そのとき大宮さまは、宮中の広縁のところにしばらくお立ちどまりになって、賢所や豊明殿の方をいつまでもじっと眺めていられましたが、やがておひとり言のように、

『惜しいもんやね』

と、京ことばでおつぶやきになりました。そのときは、私にはなんのことかよくわかりませんでしたが、あとになって考えますと、そのころ戦争はいよいよ拡大の一途をたどっていたときでしたので、やがては宮城の賢所や豊明殿も戦火をまぬかれぬ運命になるだろうと、早くも感じ取っていられたのではないかと拝察申しあげた次第です」

ここで、照宮とあるのは天皇の第一皇女で、昭和十八年十月に東久邇宮盛厚《もりひろ》王と結婚した成《しげ》子《こ》内親王のことを指す。したがって、もう昭和十八年の秋には、皇太后は宮城もまた、米軍に襲撃されると予感していたのだろうか。

実際には米軍は宮城に焼夷弾も爆弾も投下しなかった。明らかに標的からは外されていた。しかし、その周囲がすべて火の海となり、四方から火の粉が飛んで来て、結果的には宮殿は焼き尽くされた。

大宮さま、つまり皇太后のつぶやきは現実のものとなったのである。

なぜ、大宮御所が激しい空襲に曝されたかについては、それが米軍の意図的な攻撃だったとする説もある。アメリカは宮城を焼き払うつもりはなかった。すでに戦後に進駐することを念頭に置いて天皇の住む皇居は残す予定だった。

しかし、皇太后の大宮御所を徹底的に攻撃すれば、天皇も精神的にかなりまいって、日本の降伏が早まるのではないかと計算したのである。だからこそ、五月二十五日の空襲は苛烈を極めたのだという。

たしかに、米軍が大宮御所を標的にしていたのは間違いないようだ。『高松宮日記』によると、昭和二十年四月十五日には、すでに最初の空襲を受けている。

「大宮御所モオ庭ノ芝ニ百数十発焼夷弾ガオチテ大サワギナリシ由」

すべてが灰燼に帰す一か月以上も前から、米軍は大宮御所を狙っていたことになる。それでも皇太后は、微動だにしなかった。

大宮御所が炎上して、そのお見舞いに秩父宮妃が御殿場から駆けつけ、また三笠宮両殿下、高松宮両殿下もお見舞いに行っている。しかし、天皇、皇后からの連絡はなかったようだ。高松宮の五月二十八日の日記には次のようにある。

「大宮御所トノ御仲ヨクスル絶好ノ機会ナレバオ上カラ御見舞ニ行ラッシヤルナリ赤坂離宮ニオ住ミニナル様御ス、メナリ遊バシタラヨイトノ事カラ、マタ私手紙カイテソノ事申シ上グ」

この文章からは幾つかの背景が浮かび上がってくる。まず、仲良くする絶好の機会だと高松宮が言っているのは、それまでに皇太后と天皇あるいは皇后との間に何かしらわだかまりがあったからだろう。

そのため、大宮御所の罹災のときに他の三人の直宮たちは迅速な行動を取ったのに、両陛下からは二日後にも連絡がなかった。

そこで事態を打開するために高松宮が手紙を書いたわけだが、「マタ私手紙カイテ」とあるところを見ると、すでに過去にも高松宮は両者の仲を取り持とうとして、何度か手紙を書いていたのかもしれない。

しかし、高松宮の努力は報われなかった。五月三十一日の日記に、その顛末が記されている。長いので要約してみたい。

御所より返事が来た。両陛下が御見舞に行くか、あるいは皇太后を御所に招待して会食する件は、宮相にも相談したが、当分は実行できないという内容だ。

また、皇太后が赤坂離宮に移るという提案も、その筋を通して検討しているからといって、婉曲に口出しをするなと断っている。

「御親子ノ情ヲ温メヨウト思ツテ申シ上ゲタノニ困ツタコトナリ。悲シイ、眼ノ裏ガニジム心地ス」

ほとんど落涙せんばかりに高松宮は悲しんでいる。それほど両陛下と皇太后の間には距離があり、それを案じていたのだろう。

高松宮がこの日記を書いてから二週間以上も経過した六月十四日に、天皇、皇后の両陛下が鹵簿《ろぼ》で内密に皇太后を訪ねた。

筧素彦の『今上陛下と母宮貞明皇后』には、その詳細が記されている。当時、宮内省の官房庶務課長だった筧は、もちろん、高松宮が手紙を書いた経緯などは知る由もなかった。

この日の筧は、朝の九時半に大宮御所へ打ち合わせに行っている。大宮御所と書かれてはいるが、もう焼け落ちているので、お文庫、すなわち防空壕である。まずは、両陛下の行啓の道順が問題だった。

「この時の御道筋は平時とは全く異なり、特に秘匿して行われ、空襲の間隙を縫ってという位の心構えであったため、半蔵門からお出ましになり、たしか四谷見附から紀伊国坂経由赤坂の坂下門からお入りになって、馬場のあたりから池の東側を茶畑脇の防空室（御文庫）へおいでになったと記憶する」

これほど用心深くするのは、米軍の空襲が間断なくあったからで、天皇が宮城を離れるにあたっては細心の注意が必要だった。それほどまでして、なぜ、天皇は皇太后を訪ねたのか。そこで何が語り合われたのかは不明だが、筧は、おそらく疎開についての相談ではなかったかと推測している。

天皇の侍従だった入江相政の日記によると、当日は午後一時半に出発して三時半頃まで防空壕で話し合ったらしい。天皇にとってはよほど疲れた会見だったのだろうか。その後は「夕方まで御寝、御気分がお悪そうである」と記されている。

今や大宮御所も焼失している。湿気の多い防空壕では皇太后の体調も気遣われた。皇太后の疎開が予定されている軽井沢の近藤別邸では、裏に小山があり、そこに防空壕を掘ってあった。いつでも移れる態勢は整っていた。なんとか疎開してくれるようにと、天皇が自ら言葉を尽くして説得したものと思われる。

六月二十八日には今度は皇太后が皇居へ出向いた。二週間前の御見舞への答礼であると共に疎開についての返事をするためだったのだろう。しかし、ここで皇太后が何と返事をしたかはわからない。おそらくは、迷いがあったのではないだろうか。国民と共にありたいと常に願っていた皇太后が、敗戦の色濃くなった時期に帝都を去るのは、いかにも心残りだったろう。

しかし、天皇も真剣に母宮の身の安全を考えていた。七月十六日には大正天皇との思い出も深い沼津御用邸御本邸が空襲によって焼失した。米軍の攻撃は実に正確だった。いよいよ、皇太后の疎開の重要性は強まっていた。

「七月十九日には皇后さま御単独で大宮御所へ行啓、このあたりで軽井沢御疎開が具体的に本ぎまりとなったのである」と、筧は書く。

それまで、とかく問題のあった皇太后と皇后の間も、戦局が切迫し、むしろ腹蔵なく話し合える状態になったのではないか。とにかく、七月十九日の時点で、ようやく皇太后の疎開は決定され、各機関が極秘のうちに準備を進めることとなった。七月三十一日に東部軍、東鉄、内務省、憲兵、近衛の関係者が集って具体的な協議がなされ、疎開の日を八月二十日と決定した。

今から考えると、日本は八月十五日には終戦を迎えるのであるから、ずいぶんと悠長な話である。しかし、それほど皇太后の疎開は重い意味を持ち、その準備には時間がかかった。

お召し列車の試運転がまず行われた。このときには途中で艦載機の銃撃を受け、試乗者たちは列車を止めて、近くの桑畑に逃げ込んだ。そんな具合であるから、もし皇太后の移動中に空襲を受けたら大変な事態になる。そこで、宮廷列車の皇太后が乗る予定だった車両には、分厚い鋼鉄製のボックスを作成して備え付け、万一の場合に備えた。

こうした慌しい動きの中でも、気丈な皇太后は大正天皇の御影様に朝夕の礼拝を欠かさなかった。そして、小さな経机の前に座り、地蔵尊像を描いた朱印や、念仏文字の朱印を奉書紙にいくつもいくつも捺していた。空襲で倒れ行く無辜《むこ》の民の冥福を祈っての真摯な行為だった。

狭い防空壕に天皇がしばしば見舞いに訪れたと書く本もあるが、当時の状況や天皇の心境を考えると、いくら母宮を案じていても、それは難しかったのではないかと思われる。

悲母観音の相

昭和二十年八月十五日、日本は敗戦の日を迎えた。その経緯については、すでに膨大な数の研究書、小説、実録などが出版されているので、ここでは割愛する。

ただし、戦争を終結させるために皇太后が関係したと書く本があるので、紹介しておきたい。鳥居民《たみ》著の『昭和二十年』によると、昭和二十年の一月末に「皇太后が天皇に向かって、この戦争をやめることができないのかと問い、近衛文麿《このえふみまろ》公、牧野伸顕伯といった重臣たちの意見を尋ねたらどうかと説いた。」とある。

これが前述した『高松宮日記』に出てくる天皇と皇太后の不仲の遠因ともなっていったというのだ。

しかし、三笠宮はこの説を否定している。まず、皇太后が国家の方針に対して口を出すようなことはあり得ないし、まして天皇に意見をすることは考えられないと語っている。

皇太后は天皇をわが子ではあるが、お上御一人として、一歩下がって尊崇していた。しかも非常に聡明な女性だったので、自分が権力を握って国を動かそうとすれば混乱の原因になると承知していた。とにかく、天皇に終戦を説いたというのは、考えられない話だと三笠宮は言う。

天皇が戦争の終結を告げる声を皇太后はラジオで聞いた。すでに覚悟は出来ていたであろう。この戦争に勝てるわけがないと察知していないはずがなかった。

さて、これからどのような生活が始まるのか。実のところ、終戦を宣言した天皇にさえも予測はつかなかった。

取り敢えず、皇太后は予定通りに八月二十日、軽井沢の近藤別邸に移った。

戦後になってからの皇太后の動向に関しては筧素彦著の『今上陛下と母宮貞明皇后』に詳しく記されている。

筧は八月二十日も皇太后の行啓に供奉《ぐぶ》した。本来なら皇太后宮職の大夫、事務官が行くのだが、非常時のことなので、宮内省総務局の幸啓課が手伝うことになり、課長だった筧が同行した。

「当日平穏となった鉄路を一路軽井沢に向けて走る車中で、相当長い時間単独拝謁を賜り数々の御犒《ねぎ》いのお言葉をいただき、五厘刈りにしたばかりの真青な頭を間近な御前で何度も何度も下げたので侍立《じりつ》の女官長もさぞおかしかったことであろうし、大宮さまも御印象に残られたことかと恐れ入っている次第である。このグリグリ坊主は加藤進総務局長と、敗戦となったお詫《わ》びにあたまを剃ろうと話し合った結果である」

この一文からは筧の誠実な人柄が伝わってくる。そして皇太后は次第に筧を信頼するようになった。

皇太后は昭和二十年の十二月五日まで軽井沢に滞在した。その後東京に帰り、大宮御所の焼け跡の傍にある防空壕に十七日まで泊まり、それから沼津御用邸西附属邸に逗留することになった。

おそらくは軽井沢の冬が厳しいため、気候の温暖な沼津へ移ったのではないだろうか。

そこへ、筧は皇太后職事務官を命じられ挨拶に行った。昭和二十一年の三月のことだった。

「この際特に頼んでおきたいことがあります。その第一は、どうか手荒なことはしないように頼みます。第二は賜わりものなどについて総務課流は困ります。すべてその都度《つど》私の指図を仰いだ上で執行してくれますように」というのが「一通りのお言葉」のあとに続いた命令だった。

「手荒なこと」とは終戦によって宮内省も変わり、人事の異動や整理が急速に行われていた。それに対して釘を刺したのだろう。

総務課流は困るというのは、外部との折衝で案件の多かった総務課では、いちいち上に聞かずに独自の判断で処理していたのだが、皇太后はすべて自分に相談して欲しいという希望を述べたのである。

うけたまわりましたといったものの、筧はすぐに皇太后の言葉を忘れてしまった。ある退官した老仕人が御機嫌伺いに参邸したとき、総務課流に取り計らって、お菓子をやって帰した。

ところが、この人が早速奥の女官を経て皇太后に御礼を述べたのである。

もちろん、それは皇太后には初耳だった。

「あれほど言っておいたのに」と筧は皇太后に叱られた。

やがて、筧も皇太后の真の姿を知るにつけ、これは怒るのが当然だったとわかるようになる。皇太后は「なさることすべてにお心が籠っており、賜わり物なども決して形式的な通り一遍のものではなかった」からだった。

なにしろ終戦直後のことであるから、献上品の多くは椎茸とか野菜とか鶏卵とか菓子類だった。今から思うと考えられないほど質素な実用品である。

それらは狭い食堂の一隅に並べられていた。そして、皇太后は拝謁や御機嫌伺いのための参殿者が来る前日は、夜遅くまで女官を相手に、その訪問者の家族構成などを調べて賜わり物を選んだ。その上で賜わり物は両陛下から拝領したものであるとか、どこの宮家からのお土産であるとか、いちいち説明をした。

もちろん、参殿者は非常に感激して帰った。

「わたしは欲張りだから、人から物を貰うのが好きだ」と冗談にいうのは、それだけ賜わり用の材料がふえるからであり、自分が贅沢をしたいからではなかった。

皇太后の日常の食生活に関しては、長年昭和天皇に仕えた佐野恵作が自著『宮中を語る』の中で興味深い記述をしている。

ある日、皇太后に拝謁した佐野は皇太后が黒パンの代用食を食べているのを知っていたため、そろそろお米にも事欠かぬようになってきたので、代用食を止めてご飯を召し上がっていただきたいと申し入れた。すると皇太后は次のように答えた。

「はじめのうちは、わたしがたべなければそれだけお米がういて、誰かの分にまわつてゆくだろうと思つて代用食をはじめたのですが、そのうちだんだんなれて、いまでは却つてあの黒パンの方がよくなりました。この間、侍医にたずねてみたところ、身体のためにもたいして障りはないとのことであつたので、そのまま代用のパンをつづけているが、いろいろ工夫すると、なかなかおいしいものです。ほどよく焼けたところが、栄養からいっても、嗜好からいってもよろしいのです」

これと似た話は他にもあった。戦争が終わってからも皇太后はもんぺを着用していた。といっても普通のもんぺとは少し違って、紫か黒の縮緬をスラックスのように仕立てて、足首のところを絞ってある。これを皇太后は「おはかま」と呼んでいた。

それでも、もんぺの一種には違いない。戦後も何年かたつと、誰ももんぺをはかなくなった。皇太后もそろそろもんぺをやめたらいかがかと進言する人がいた。すると皇太后は「あの戦争を覚えている人が一人くらいはいてもいいでしょう」と答えた。

戦後の国民の苦労を知っている皇太后は自分だけでも、代用食やもんぺを続けていたいと思ったのだろう。

それでいながら、皇太后には暗い影はまったくなかった。常に明るく前向きに人々と接した。前出の佐野は次のように書いている。

「実に大宮さまはお話がお上手で、決して話をとぎらすようなことはなさらぬ。だから、話しているうちに何ともいえないなつかしい味をおぼえる。こういう時に仰ぎみるお顔は、いつも微笑をたたえて、悲母観音の相そのままである」

沼津に滞在中も熱心に学校や引揚げ者の寮や工場などに出掛けた。これは「陛下の御巡幸のお手助けと思し召されてか」と筧素彦は書いている。人間宣言をした後の天皇が精力的に日本の各地を廻り、人々を励ましていたのは周知の事実である。

筧が赴任して間もなくの昭和二十一年四月五日、突然、皇太后の生母である浄操院こと野間幾子が九十一歳の長寿を全うして亡くなった。常に自分の実家に関しては遠慮がちであり、皇后時代には実母に会うのも控えていた皇太后である。今回も自分が駆けつけるわけにはいかず、坊城大夫が九条家へ弔問に訪れた。

「その後、御自身は深くお慎みになって、忌みに服されておいでになる一か月の間はどこにもお出ましにならぬのは勿論《もちろん》召し上がり物も堅く精進をお守りになった。しかし御自身は自らきびしくなさるけれども他に聊《いささ》かもこれを及ぼすようなことはなさらなかった」

喪に服すことの厳しさを貞明皇后から教わったと、高松宮妃ものちに自著で語っている。亡くなった人への思いをそうした形で表す行為を通して、皇太后は周囲の人々に日本人としての範を示していたのだろう。

「御身内のこと御兄弟、御姉妹のことについてはよく承ったものであったが、本当に傍らで拝見していて歯痒《はがゆ》く思われる位、御遠慮勝ちであった」

この篁の観察も、皇太后の一面をよく表している。自分の立場を考えたとき、実家とはある距離を置かなければならないと承知していたのだ。

それは、現在の美智子皇后が厳しいまでに自分を律して、結婚以来、決して正田家の家族と接触しなかった姿勢を思い起こさせる。それほど、皇室に嫁ぐというのは、決然とした自覚が必要なのだといえる。

貞明皇后は皇后であった時代よりも、皇太后になってからのほうが「ずっとお気持ちがお楽になられたのではないか」と篁は推察している。

皇太后の覚悟

それは、昭和二十二年十月のことだった。

この前年の十二月十九日、皇太后は沼津から東京へ帰っていた。焼失した御所の跡地に高松宮邸の茶室と高輪御殿の一棟を移築し、これに簡素なバラック建ての事務棟を作り、取り敢えず大宮御所としたのである。

その大宮御所の食堂の裏手を皇太后職事務官である筧素彦が歩いていると、ラジオの音が流れてきた。女官が聞いているのかと思い、筧が戸を開けてのぞくと、そこには皇太后が座っていた。機嫌良く笑いながら、「まあいいから一緒に聞いておいで」と言う。言われるままに筧は皇太后と共にラジオに耳を傾けた。

放送されていたのはエンタツ・アチャコの漫才だった。やがてそれが終わりニュースの時間となった。

真っ先に報じられたのは直宮以外の宮家が臣籍降下するというニュースだった。

筧は一瞬、息を呑んで皇太后の顔を見た。しかし、皇太后は平然として答えた。

「これでいいのです。明治維新この方、政策的に宮さまは少し良すぎました」

きっぱりと言い切る皇太后の「きびしい時局に対する御認識と御覚悟には舌を捲き」、筧はあらためて皇太后を仰ぎ見たが、眉一つ動かさなかった。

おそらく皇太后はこうした事態が起きることは、事前に知っていただろう。まさかラジオのニュースで初めて聞いたとは思えない。それにしても動揺をまったく見せないところは、いかにも皇太后らしい落ち着きぶりである。

三笠宮百合子妃も似たような証言をしている。臣籍降下に対して皇太后がどのように思うか、周囲の人たちはひどく心配をしたが、百合子妃に「昔の四親王家になるわけですね」と語ったという。かつて有栖川宮、伏見宮、桂宮、閑院宮《かんいんのみや》の四家が代々親王の称号を与えられた時代があった。その頃に戻ると考えれば良いという意味である。「ぱっと切り替えるお考えがおできになる」と百合子妃は驚嘆した。

その臣籍降下の内幕については筧が詳しく自著で説明をしている。

それによるとGHQとの折衝に当たっていた加藤進次官が、早晩必ず皇族廃止問題が浮上するだろうと察知し、侍従長となった大金益次郎と共に先手を打って、直宮以外の皇族の臣籍降下を申し出て、直宮だけでも確保しようとした。それで天皇、皇后に諒解を得たのである。

ちなみに、このときに皇籍を離脱したのは東伏見宮、伏見宮、賀陽宮《かやのみや》、久邇宮、梨本宮、朝《あさ》香宮《かのみや》、東久邇宮、北白川宮、竹田宮、閑院宮、山階宮《やましなのみや》の十一宮家である。時の皇后の実家も含まれていた。人数にして五十一人だった。

こうした動きは前年の五月から始まったものらしい。加藤進次官が沼津で皇太后に拝謁したとき、次のように言われた。

「こういう時には、皇室について、いろいろなことが起こってくるでしょうが、何をいっても驚きませんから、率直に話してください」

この言葉に対して、加藤は臣籍降下の可能性を示唆し、「宮内庁の者たちは尽力しておりますが、今まで通りのお暮らしは実に難しいであろうと思います」と正直に答えた。

すると皇太后は自らの覚悟を語った。

「加藤さん、私は言葉のままに従います。私は九条家に生まれ、五つの時まで中野に里子に行きました。そこでいろいろと農家の暮らしを知っております。どんな苦労でも引き受けます。どうぞ心配なさらないでください。しかし、皇族様方はなかなかそうはいきませんよ。びっくりもするでしょうし、いろいろなことも仰しゃるでしょうし、なかなかお分かりにならないと思います。どうか時間をかけ、御納得いただけるまで、あなた方が落ちついて、気を長くしてやらねばなりませんよ。私については御一新のこと、何も心配いりません」

まさに毅然たる態度であった。終戦を「御一新」と表現したことに加藤は感銘を受けた。

正確にいうと昭和二十一年十一月二十九日、宮城に参内した皇族たちは、直宮を除くすべての宮家が臣籍降下されることを伝えられた。このとき、天皇は一同の前で、いろいろの事情により、皇室典範が改正になり直系の皇族を除き、他の十一宮家は臣籍降下してもらいたいと告げた。

これからも身をつつしみ「貴賓ある御生活」をしてほしい。できるだけの補助はするつもりだし、尋ねたい件があったら遠慮なく申し出るようにという言葉が続いた。

それでも皇族たちのこころの動揺は大きかった。皇太后は皇籍離脱を余儀なくされた人々に対して、その後も素晴らしい気配りを見せたと三笠宮妃は語っている。

一年に二回ほど、かつて皇族だった人々も一緒に菊栄親睦会という会を宮中で開いている。これは現在まで続いている。

そうした会で不遇の宮家の人々に対して、いつも必ず温かい言葉をかけて慰めるのが皇太后だった。

戦争中はいささか距離があったようだった皇太后と皇后の間も戦後は温かい交流が見られるようになった。沼津に皇太后が滞在中に皇后が何度か泊まりがけで訪れたりしている。あの息苦しい日々を通り抜け、皇太后は自由な空気を感じていた。

だからこそ昭和二十三年十月のヴァイニング夫人との面会も実現したのだろう。ヴァイニング夫人は皇太子の家庭教師として来日したアメリカ女性として、あまりにも有名である。

簡単に彼女の経歴を紹介すると、エリザベス・グレイ・ヴァイニングは明治三十五年十月六日、フィラデルフィアのジャーマンタウンで生まれた。父親はスコットランド出身だった。大正十二年にクエーカー系のブリン・モア大学を卒業している。二十六歳で結婚したが、夫は昭和八年に交通事故で死亡した。

敬虔なクエーカー教徒である夫人は、十一冊の著作を発表していた。『旅の子アダム』では、権威あるニューベリー賞を受賞している。その傍ら、アメリカン・フレンズ奉仕団広報部に勤務していた。

夫人に日本行きの話が舞い込んだのは昭和二十一年五月だった。まだ終戦から一年もたっていなかったが、日本の皇太子のために家庭教師を捜しているということだった。

迷った末に夫人はこの仕事を受ける決断をする。時に四十三歳だった。上品な物腰とグレース・ケリーに似た美貌の持ち主であった。

結局、昭和二十一年から昭和二十五年までヴァイニング夫人は日本に滞在し、皇太子のみならず、内親王たちにも英語を教えた。皇后にも何度も拝謁した。

帰国後、夫人は『皇太子の窓』という本を出版した。これは翻訳され日本でもベストセラーになった。

この中に昭和二十三年の十月に「皇太子殿下のお祖母様、皇太后陛下に初めておめにかかった」という記述がある。

夫人は皇太后との面会を長い間待ち望んでいた。「日本に永年住んだことのある者で、皇太后陛下の御性格の力と影響、あらゆる人々が皇太后陛下に対していだいている敬愛の念に気づかぬ者はあるまい」と書いている。

皇太后が幼少の頃に農家で育てられたことに触れて「皇太后陛下の場合には、御幼少の折の経験は、民衆に対する変ることなき御関心、自然な態度で一般庶民とお話しになる御能力、蚕と養蚕業に対する終生変ることなき御知識と御興味を陛下に与えたのであった」。

この文章は当時の皇太后が人々にどのように見られていたかをよく表している。

また、夫人は興味深い記述もしている。

「大変宗教的な御性格で、キリスト教徒ではいらっしゃらなかったが、魂の糧として新約聖書を座右の書の一つとしておいでになったことは、広く知られている」

本当に座右の書だったかどうかは疑わしいが、皇太后が聖書にまで興味を示していたのがわかる。

さて、ヴァイニング夫人の眼には皇太后はどう映ったのだろうか。

「陛下は明るい眼をなさった体の小さな方で、横顔はどこか鷹を思わせ、表情は大変魅力的で、全体に溢れるような気品があった。陛下の召しておられる黒い絹のドレスのV字形の襟は、黒いレースの立襟で、黒玉のビーズのついた小さな黒いスリッパが、長いゆるやかなスカートの下に見えていた。陛下の御服装でただ一つ明るい個所は、V字形の襟元についている、ダイヤモンドのついたプラチナの飾針（ピン）であった。英国のヴィクトリア女皇がほっそりとしておられたとか、皇太后陛下のようにユーモアに富んだ方だったということは、何の記録にも残っていないのに、どうしたものか、ヴィクトリア女皇のことを想いださずにはおられなかった」

常に質素な生活をこころがけ、庶民の生活にも目配りを怠らない皇太后だったが、外国からの客人を前に堂々とした品格を見せていたのがこの文章からは伝わってくる。

皇太后は終始、会話をリードし、新しい話題を持ち出した。その膝の上では指がせわしなく動いていたと夫人は観察している。

皇太子の教育に対して感謝の言葉を述べると、皇太后は三笠宮が小さい頃に着ていた美しい着物の数々を見せて、夫人の眼を楽しませた。

あとで女官から聞いたところ、皇太后は夫人に何を見せたら良いのかずいぶん迷ったのだという。側近の提案を退け、自分ですべて選別した。夫人が帰るとき、皇太后は廊下まで見送りに出て、その姿が消えるまで立っていた。

六十七年の生涯

日本の敗戦はたしかに悲しい出来事だったには違いないが、そのために節子皇太后の日常は劇的に変わった。以前から皇太后が望んでいた一般の人々との出逢いの機会が、ずっと多くなったのである。

このことについては、秩父宮が次のような文章を書き残している。

「少しでも知識を広くして、一人でも多くの人と接し、また自分の地位を社会のために生かしたいと常に考えておられた母上は、外出や旅行を決して好まないわけではなかったが、大正・昭和と、警衛が次第にきびしくなり、終にはお通り道には警官と憲兵の垣で、市民の影は眼の近い母上には到底お認めになれないほど遠ざけられるに至つては、外出を忌避される傾向さえあつた。『こんな有様を見ると気が変になる』とは、外出のたびに漏らされたお嘆きであつた」（「亡き母上を偲びて抄」）

ところが、戦後になって、皇太后は護衛の人々がはらはらするのも気にせず、浜辺で子供たちに話しかけたり、五十年ぶりに里親だった高円寺の大河原家を訪ねるといったことができるようになった。

「以前は外に出ても人払いをされた道を歩くので淋しい思いをしたことがあつた。しかし、近ごろでは自転車に乗つた人も私の脇を通つてくれるし、車も一しよに走つてくれるので、いつも皆と一しよに暮らしているようで楽しい」と皇太后は語っている。

もちろん、その反面では気苦労が全くなかったわけではない。

戦後間もなく静岡県の婦人会が皇太后を招待したことがあった。このときにその座席を壇上に設けたら、それは民主的ではないと、強硬に抗議をした女性の教員がいたという。そんな空気は皇太后も肌身に感じてはいただろう。しかし、積極的に社会参加しようという姿勢に、いささかの変化もなかった。

そして昭和二十二年の秋には大日本蚕糸会の総裁に就任した。このときの経緯は大日本蚕糸会が発行した早川卓郎編の『貞明皇后』に詳しく記されている。

昭和二十二年の春頃から関係者の間で皇太后を総裁にという声が上がった。そこで、天皇、皇后、高松宮、喜久子妃などに相談の上で打診をすると「何かの役にたつのなら」と皇太后は快諾した。しかし「飾り物にはなりたくない」といって「あまり晴れがましく人目に立つようなことがないように」という意向だった。

もちろん、関係者の間に異存はなく九月二日に総裁就任の運びとなった。その後は精力的に会の運営に関わってしばしば地方にも出掛けて視察や激励を行った。その背景には戦後の日本の蚕糸業界の凋落があった。外貨獲得のため、皇太后が率先して尽力をしたのである。

実際、昭和二十三年の六月三日、埼玉県の蚕糸業視察を皮切りに六月五日には群馬県、九月には山梨県、二十四年五月にはふたたび山梨県、六月には長野県、二十五年六月には福島県と山形県、十月には岩手県と宮城県と忙しく視察の日程をこなしている。その他、神奈川県や東京都の蚕糸業にも機会あるごとに足を運んだ。

おそらくは、全国を巡る旅を皇太后は楽しんでいたのではないだろうか。戦前だったら、こんなに身軽に動くことはできなかった。

どこの地方に行っても皇太后は視察先について事細かに調べて予習をした。奉送迎者へのお会釈や拝謁にも気を配り、さらには随行の新聞社のカメラマンたちのために、なるべく写しやすいようにと何度もポーズをとってやった。

当時皇太后に仕えていた筧素彦によると、皇太后はもともと写真を撮られるのが嫌いだったという。それなのにカメラマンたちのためには協力を惜しまなかった。

また、有名なエピソードとしては、皇太后が自分の訪問先の人々が信仰している神仏に対して、常にきちんと礼を尽くしたという話が残されている。

福島県では泊まった旅館の庭に小さなお地蔵様があった。皇太后はお供えをし、丁寧に礼拝をした。これはヴァイニング夫人に見せたキリスト教への理解とも通底する行為だった。

皇太后の人間としての許容量の大きさだともいえる。

さまざまな地方を視察する皇太后はまさにエネルギーに満ち溢れていて、誰もがその健康を疑わなかった。しかし、実は皇太后の身体の奥深くに病魔が潜んでいて、その肉体を少しずつ蝕み始めていたのである。

初めに心臓の軽い発作に襲われたのは昭和二十五年六月の山形県視察のときだった。侍医だけは知っていたが、実は心臓肥大症に悩まされていた。そのため山形で呼吸が困難になり足が腫れたが、しばらく休息すると元気になった。

あとから考えると、東京を出発するときに靴が小さくなったといって大きいものに取り替えさせた。この頃から浮腫《むくみ》などの前兆はあったのだろう。しかし、皇太后は周囲の者に心配を掛けまいと何もいわなかった。

虫が知らせたのだろうか。昭和二十五年の十月一日には、かつて華族女学校の初等中等科で同級だった学友を十五人あまり大宮御所に招待している。これも戦前だったら難しいことだったが、終戦によって得た自由だった。共に学んだ少女たちも歳月を経て、それぞれの境遇で老年を迎えていた。社会の変化の波をそのまま受けた人も少なくなかった。しかし、半世紀の時を乗り越えての楽しい再会では恩師下田歌子の思い出や、御所の庭での芋掘りなどに興じて時間はまたたく間に流れた。

まさかこれが皇太后との最後の別れになるとは知らずに、級友たちは沢山のお土産を手に夕刻になると大宮御所を後にした。

昭和二十六年五月十七日の朝は梅雨空の鬱陶しい天気だった。

当時、荒廃した宮城や大宮御所には全国から勤労奉仕の人々が集まって清掃作業をしていた。この習慣は現在に至るまで続いている。

皇太后は常に奉仕隊員に会うのを楽しみにして、やさしく労《ねぎら》いの言葉をかけ、彼らの出身地のことまで話題にした。

この日は愛知県西尾町の遺族会から奉仕団が来て清掃にあたっていた。午後三時に作業を終わり玄関で皇太后が現われるのを待っていた。

その直後に大宮御所の内部では大変な事態が起きたのである。

午後三時半頃にお手洗いへ行った皇太后は、そこで激しい心臓発作に襲われて倒れたのだ。ただならぬ物音に、トイレの外で控えていた女官が駆け寄ると、皇太后は懸命に起き上がろうとしていた。女官が背負って寝室へ連れて行こうとすると、皇太后は気強くそれを断り、肩にもたれて歩いた。

このとき小原侍医がたまたま参殿していたため、すぐに注射や人工呼吸の応急処置を講じたが、すでに手遅れだった。発作が起きてわずか四十分後に崩御した。

天皇と皇后に皇太后が倒れたとの知らせが届いたのは午後四時過ぎだった。この日は皇后も朝から具合が悪く「脳貧血のやうな御症状」と、入江相政の日記にはある。そのため皇后の行事はすべて取りやめとなり、天皇は午後二時から家永三郎東京教育大学教授に親鸞に関する進講を受けていた。

そこへ女官長が侍従長を呼び出し「何事かと思つたら大宮様が狭心症の発作でおたふれになつた由」と入江は書いている。

ただし『貞明皇后』（主婦の友社）では、天皇は御学問所で村川堅固《けんご》博士その他の人々と日本歴史の問題点について話し合っていたとある。

「側近が入ってきて、天皇にそっと耳打ちした。天皇は愕然とされた様子で、急に立ち上がって、そのまま中座なさった。その場に居合わせた学者の一人は、これはてっきり第三次大戦が勃発したのにちがいないと直感したほどだったと、あとで語っていた」

天皇、皇后が大宮御所に向かったのは午後四時四十七分だったので、臨終には間に合わなかったことになる。知らせを聞いて、急いで駆けつけた高松宮夫妻、三笠宮夫妻も同じだった。あまりにもあっけなく、皇太后はその波瀾に満ちた六十七年の生涯を閉じてしまったのである。

午後六時五十四分、宮内庁はラジオで特別ニュースを報じた。

「皇太后陛下は本日午後三時三十分、狭心症をご発病、直ちにお手当申し上げましたが、同午後四時十分、崩御あそばされました」

ちょうど夕食の時間だっただけに、この報道に多くの国民がショックを覚え、うなだれた。

「国民のおばばさま」と呼ばれ、親しまれていた皇太后との突然の別れを悲しんだ。

五月十八日にお通夜に出席した入江相政は「大宮様に拝謁したら泣けて泣けて仕様がなかった」と日記に記しているが、それは参列者全員の心情でもあった。

六月七日、追号が「貞明皇后」と決められた。崩御から三十七日目の六月二十二日午前に大葬儀が文京区豊島岡《としまがおか》で執り行われた。

貞明皇后が亡くなった直後に、その手文庫から次のような遺書が見つかったという。

「大君のために当然なりといえども、いずれも身をくだかれ、心をつくして御奉公いたされることを、ひたすらよろこび感謝いたし候。わが身のまわりにつけても、一切忠誠をつくし申され候こと万謝万謝。霊界を異にするとも、恩に報ずるため、必ず必ず、いずれもの幸福を守護いたすべく誓い申し候。めでたしめでたし」

それは、いかにも貞明皇后らしく、自分に仕えてくれた人たちへの温かい思いやりに満ちた内容だった。

あとがき

本書を書き始めたきっかけは、私なりに天皇制度について考えていきたいということからだった。私はこれからの天皇制度の存続に、ある危機感を抱いている。だからこそ、もう一度、過去の歴史を振り返って、未来のあり方に思いをいたしたかった。

しかし、そんな理屈とは別に貞明皇后という一人の女性の生き方は、私のこころを強く打ち、いつしか彼女の魅力の虜となっていた。

いうまでもなく、貞明皇后は大正天皇の后であり、明治、大正、昭和を生き抜いた人だ。

誰もが知っているように、大正天皇は病弱であり、その在位の期間は短かった。それにもかかわらず、彼女は日本の歴史に鮮烈な足跡を残した。それは貞明皇后が人並み外れた聡明さと行動力を持った女性だったからだ。

私が最も感動したエピソードを一つだけ紹介したい。それは関東大震災のときの話である。大正十二年九月一日のことだった。皇后はそのとき病身の天皇と共に日光田母沢の御用邸に滞在していた。そこで大地震の発生を知り、一日も早く帝都に帰りたいと願ったが、ようやく単身で東京入りを果たしたのは九月の末になってからだった。

未曾有の災害は日本の中心である東京を打ちのめした。まさに国難の時期にあった。しかも頼りとする天皇は病に倒れ、摂政宮は、まだやっと二十三歳の若さだった。このとき皇后は決意をしたはずである。自分が率先して国民を勇気づけ、再興の力を与えなければと。

日光から東京に戻った皇后は精力的に被災者を慰問してまわった。国民は焼け出され着のみ着のままであることを知っていたので、自分も夏服に冬物の上着を着ようとはせず、寒くなっても同じ夏服のままで慰問を続けた。

皇后の姿は国民に深い感銘を与え、生きる気力を取り戻させた。それはどんな政治家も実業家もジャーナリストもなし得ない行為だった。

皇后とは、そういう存在なのだと私は思った。国民と苦楽を共にする。そして国民のためにひたすら祈るのが皇后だった。

その貞明皇后の志操は、香淳皇后、そして美智子皇后へと受け継がれていった。しかし、この先ははたしてどうであろうか。

自分の実家の価値観しか持たず、すべてにおいて自己の欲望ばかりを優先させるような皇后が誕生したら、国民は尊崇の念を失い、天皇制度の存続もあやういものとなるだろう。そんな事態になる前に、貞明皇后のご遺徳をぜひ多くの人たちに知って欲しいと私は切実に願っている。

本書の連載及び単行本化にあたっては『清流』編集部の松原淑子さんにお世話になった。また、常に温かい慈愛の眼差しを向けてくれた加登屋陽一社長にもこころからの御礼を申し上げたい。

平成二十年六月九日

工藤美代子

主要参考文献

『貞明皇后』　主婦の友社編　主婦の友社
『貞明皇后』　早川卓郎編纂　大日本蠶糸会
『高松宮宣仁親王』「高松宮宣仁親王」伝記刊行委員会編　朝日新聞社
『今上陛下と母宮貞明皇后』　筧素彦　日本教文社
『銀のボンボニエール』　秩父宮妃勢津子　主婦の友社
『菊と葵のものがたり』　高松宮妃喜久子　中央公論社
『梨本宮伊都子妃の日記』　小田部雄次　小学館
『三代の天皇と私』　梨本伊都子　講談社
『女官』　山川三千子　実業之日本社
『宮廷』　小川金男　日本出版協同株式会社
『宮中を語る』　佐野惠作「宮中を語る刊行会」
『皇后さま』　小山いと子　主婦の友社
『天皇』（全五巻）　児島襄　文藝春秋
『原敬日記』　原奎一郎編　福村出版
『皇太子の窓』　エリザベス・グレイ・ヴァイニング　小泉一郎訳　文藝春秋
『秩父宮と昭和天皇』　保阪正康　文藝春秋
『皇后の近代』　片野真佐子　講談社
『四代の天皇と女性たち』　小田部雄次　文藝春秋

『皇后四代』　保阪正康　中央公論新社
『大正天皇』　原武史　朝日新聞社
『牧野伸顕日記』　伊藤隆・広瀬順晧編　中央公論社
『木戸幸一日記』（上下）　東京大学出版会
『高松宮日記』（全八巻）　中央公論社
『同時代史　第三巻』　三宅雪嶺　岩波書店
『父小泉八雲』　小泉一雄　小山書店
『ラフカディオ・ハーン著作集第十四巻』　西脇順三郎・森亮監修　恒文社
『ミカドと女官』　小田部雄次　扶桑社
『天皇の影法師』　猪瀬直樹　新潮社
『滞日十年』　ジョセフ・C・グルー　石川欣一訳　毎日新聞社
『ベルツの日記』（上）　トク・ベルツ編　菅沼竜太郎訳　岩波書店
『九条武子』　籠谷真智子　同朋舎出版
『入江相政日記』（全十二巻）　入江為年監修　朝日新聞社

本書は月刊『清流』二〇〇四年六月号から二〇〇七年十一月号に
掲載した「貞明皇后　大正天皇とともに」を改題しました

工藤美代子（くどう・みよこ）
昭和25年、東京都生まれ。チェコスロヴァキア・カレル大学留学を経て、同48年からカナダ・バンクーバーに移住し、コロンビア・カレッジ卒業。『工藤写真館の昭和』で第13回講談社ノンフィクション賞受賞。主な著書に『昭和維新の朝　二・二六事件と軍師齋藤瀏』『香淳皇后　昭和天皇と歩んだ二十世紀』『母宮貞明皇后とその時代　三笠宮両殿下が語る思い出』『良寛の恋　炎の女貞心尼』『われ巣鴨に出頭せず　近衛文麿と天皇』ほか多数。

国母の気品　貞明皇后の生涯
二〇〇八年七月二十一日［初版第一刷発行］
二〇一三年四月　二　日［初版第二刷発行］
著者　工藤美代子

発行者　藤木健太郎
発行所　清流出版株式会社
〒一〇一―〇〇五一
東京都千代田区神田神保町三―七―一
電話　〇三―三二八八―五四〇五
振替〇〇一三〇―〇―七七〇五〇〇
〈編集担当・松原淑子〉
印刷・製本　凸版印刷株式会社
乱丁・落丁本はお取り替えいたします。
ISBN978-4-86029-260-7
http://www.seiryupub.co.jp/